KB105311

영문법을
구구단 처럼

영문법을 구구단 처럼

샘박 Sam Park 지음

design house

대한민국 영맹 탈출 프로젝트

〈50 English〉 책을 낼 때부터 줄곧 이야기해 왔지만, 우리나라 영어 교육 방식의 비효율성은 여전하다. 초등학교에서부터 대학까지 정규 교육과정 안에서 필수과목으로 영어를 가르치고, 그도 모자라 동네마다 즐비하게 있는 것이 영어학원임에도 불구하고 대부분의 한국인은 영어 앞에만 서면 기가 죽는다.

이미 그에 대한 원인 분석도, 또 처방도 많이 있어 왔다. 제일 흔한 얘기로는 학교에서 문법만 가르치기 때문에 영어를 못한다는 것이다. 또 영어 선생님들이 원어민처럼 영어를 능숙하게 구사하지 못해서, 영어 마을이 부족해서 영어를 못한다고도 이야기한다.

그러나 나는 그렇게 생각하지 않는다.

먼저 정확히 짚어 보아야 할 것이 있다. 우리가 '영어를 못한다'고 할 때 정확히 무엇을 '못한다'는 것일까? 내 생각으로는 다음과 같은 세 가지를 능숙하게 하지 못할 때, '영어를 못한다'고 이야기할 수 있을 듯하다.

– 중3 수준의 영문법을 구구단을 외듯 사용하지 못하고
– 1시간 동안 책을 안 보고 영어로 말을 하지 못하며
– 4000개 정도의 기본 단어들의 발음이 나쁘다

대한민국의 영어는 바로 위의 세 가지만 확실하게 할 수 있다면 현재 시스템을 그대로 두고도 우리의 영어 문제를 해결할 수 있다.

영문법을 고리타분하고 실생활과 거리가 멀다고 경시하는 풍조도 있지만, 영문법은 영어 실력을 높이기 위한 기본기라고 할 수 있다. '영문법'이라고 하는 기초가 없는 영어 실력으로는 실제 영어 환경 속에서 생존할 수 없다. 서바이벌 수준의 초보 관광객용 영어가 아니라 비즈니스가 가능한 영어, 소통이 가능한 영어를 위해서는 영문법이라는 기본기가 꼭 필요한 것이다.

책의 제목 그대로 '영문법을 구구단처럼' 완전히 익히도록 하는 것이 이 책의 목표이다. 누가 대뜸 '3×7은?'이라고 물어도 바로 '21' 하고 대답이 나오듯이 이 책에서 정리한 영문법 핵심사항들을 외고 또 외워야 한다. 그렇게 영문법의 기본 사항들을 확실하고 정확하게 이해하고 그에 대한 훈련이 잘 되어 있다면, 지레 어렵다고 생각하는 영작도 쉽게 도전할 수 있다. 그리고 하루에 한 시간씩 정확한 발음으로 영어로 말을 하는 연습을 한다면 우리의 혀와 입술을 비롯한 구강 시스템이 영어 발음에 익숙해져서 영어가 자연스럽게 나오게 된다.

이것은 학교나 나라에서 할 수 있는 일이 아니라 영어를 배우는 자신이 스스로 해야 하는 일이다. 영어를 잘하게 되는 데 있어 가르치는 사람의 역할은 30% 전후에 불과하다고 한다. 배우는 사람이 실제로 입을 열어 영어를 연습하는 등의 노력이 나머지 70%를 차지한다. 결국 영어를 못하는 것은 배우는 사람 스스로의 방법과 노력의 문제가 더 큰 것이다.

이번에 새롭게 만든 〈영문법을 구구단처럼〉 책은 영문법의 핵심사항들을 구구단을 외듯 사용하는 방법을 제시하는 책이다. 우리가 영어를 잘하기 위해서 방대한 영문법의 모든 것을 다 알아야 하는 것은 아니다. 중3 수준 정도의 영문법을 구구단처럼 사용할 수 있다면 여러분의 영어 문제는 곧 해결될 것이다.

이 책은 100 문장을 자동으로 암기하게 해주는 〈50+50 English〉 책과 자매 책이다. 이 두 책을 같이 공부하면 효과는 배가 될 것이다.

독자들의 이해를 돕고 영문법을 구구단처럼 사용할 수 있게 하기 위해서 본 책 〈영문법을 구구단처럼〉의 내용과 〈50+50 English〉 책의 내용을 동영상 강의로 만들어 보급하고 있다. 책을 공부하면서 동영상을 참고하면 영문법을 구구단처럼 만드는 작업이 훨씬 수월해질 것이다.

www.50english.com에 가면 이 책의 동영상 강의를 어떻게 사용할 수 있는지 안내하고 있다. 이 두 책에 관한 질문은 www.50english.com 게시판이나 저자 이메일 esc3211@yahoo.com으로 문의하기 바란다.

아무쪼록 이 책의 내용과 동영상 강의를 통해서 여러분들이 구구단을 외듯 영문법의 기본 내용들을 자유자재로 사용할 수 있게 되기를 바란다.

샘 박 Sam Park

목　차

일 러 두 기

① 본 책의 영어 문장에 대응하는 한국어 문장은 우리가 일상적으로 쓰는 문장과 약간 차이가 난다. 이는 영어 문장의 구조와 핵심을 정확하게 전달하기 위한 저자의 의도이므로 그 안에 담긴 뜻을 충분히 생각 하면서 한국어 문장과 영어 문장들을 암기하는 게 좋다.

② 본 책 〈영문법을 구구단처럼〉의 학습 효과를 더 키우기 위해 저자가 만든 동영상 강의와 함께 이 책을 볼 것을 권한다. 본문과 동영상 강의의 내용들은 제작 시기의 차이 때문에 조금 다를 수 있다. 해당 내용 을 전하는 데는 아무런 문제가 없지만 미리 양해를 바란다.

'내것'이 되는 영문법

영문법 숲과 영문법 차트

1장에서는 '문장과 8품사'부터 '화법'에 이르기까지 이 책에서 계속 반복적으로 강조하는 영문법의 핵심 30개를 선정하고, 각 핵심 용어에 대해 쉽고 빠르게 이해할 수 있도록 간단한 설명을 달았다. 각 용어에 붙은 번호는 이 책의 자매책인 〈50+50 English〉와의 연관고리 때문에 붙은 번호이다. 아직 〈50+50 English〉를 보지 않았더라도 내용 이해에는 무리가 없으므로 책에서 얘기하고 있는 핵심에 집중하기 바란다. 그림 도표로 정리된 '영문법 숲'은 영문법의 핵심 내용들이 어떤 구조 안에 자리잡고 있는지를 확인할 수 있는 장치이다. 이것을 확실하게 익힌다면 구구단처럼 영문법 핵심 내용들이 튀어 나오는 경험을 하게 될 것이다.

영문법은 왜 필요한가?

영어 문장을 만들려면 먼저 글로 표현하고자 하는 사람의 생각이나 아이디어 혹은 느낌이 있어야 한다. 그리고 그것을 다른 사람에게 전달하기 위해서 일정한 법칙 아래 단어들을 나열해야 한다. 즉 문장이란 사람의 생각을 다른 사람에게 전달하기 위해서 일정한 법칙 아래 단어를 나열하는 것을 말한다. 문법을 배우면 영어와 한국어의 단어를 배열하는 어순이 다르다는 것을 알게 된다. 우리나라 말을 할 때 단어를 나열하는 순서와 영어를 말할 때 나열하는 단어의 순서가 다르다는 것이다.

나는 그녀를 좋아해 → 주어 + 목적어 + 동사
I like her → 주어 + 동사 + 목적어

영문법은 내 생각을 다른 사람에게 전달하기 위해서 어떤 단어를 어떻게 나열해야 하는지를 보여준다. 그래서 영문법을 모르면 영어를 할 수가 없다.
이 책의 자매책인 『50 + 50 English』 책의 끝 부분에서 영문법에 관한 이야기를 했다. 영어를 잘하기 위해서는 기본적으로 두 가지를 잘해야 한다. 첫째는 일정양의 문장을 암기해서 매일 연습함으로써 우리의 혀와 구강 시스템이 영어에 익숙하게 되어야 한다. 즉 한 시간 정도 영어로 매일 떠들어야 한다. 둘째는 영어 문장을 만드는 규칙인 영문법이 습관화되어서 영어 단어를 나열할 때 원어민들이 이해할 수 있는 배열로 단어들을 빠르게 나열할 수 있어야 한다. 즉 영문법을 구구단을 사용하듯이 아주 자연스럽게 사용할 수 있어야 하는 것이다. 이 두 가지가 잘 훈련이 된 사람은 굳이 미국에 가지 않아도 영어를 잘할 수 있는 요건을 다 갖추었다고 할 수 있다.

그런데 우리나라 영어 공부의 현실을 보면 뭔가 잘못 되어 있는 것 같다. 왜냐 하면 중학교에 들어가면서부터 열심히 영문법을 배우고 시험도 거의 문법적인 것을 다루지만 여전히 영어를 능숙하게 다루지 못하고 있다.

주변에서 영어를 좀 한다는 분들 중에는 학교 현장에서 너무 문법 위주로만 많이 배우기 때문에 영어를 못한다고 하는 분들도 있다. 즉 문법적으로 너무 알다 보면 자신이 말하는 내용이 문법적으로 틀린 것 같은 느낌이 든다는 것이다. 그래서 오히려 영문법 때문에 영어로 말을 잘하지 못한다는 것인데 나름대로 일리가 있다고 본다. 저자는 문법을 잘 알아야 영어가 잘 된다고 했는데 우리는 그렇게 오랜 동안 문법을 배워도 영어를 못하는 이율배반적인 딜레마에 빠져 있는 것이다.

이런 이상한 현상의 원인은 우리가 문법을 많이 배웠지만 그 문법이 습관화 되지 않았기 때문이다. 영어를 잘하기 위해서는 영문법을 배우는 것에 그치지 말고 더 나가서 매일 연습을 하여 문법이 습관이 되게 해야 한다. 문법을 이해해도 문법이 습관화 되도록 연습을 안 하면 시험은 잘 볼 수 있을지 몰라도 영어는 잘 못하게 된다.

이렇게 이야기하고 나니까 마치 학교에서 배우는 문법이 필요 없는 것이 아닌가 하는 생각이 들지도 모르겠다. 중·고등학교에서 영문법 시간을 없애고 회화 문장만 배워야 할까? 그렇지는 않다. 지금 우리가 배우는 고교 수능 영문법은 그것대로 필요하다. 그 정도의 영문법은 알아야 기본적으로 대학 영어 교재나 영어 원서를 바르게 이해할 수 있기 때문에 어느 정도의 영문법은 알고 있어야 한다.

중요한 것은 원활한 의사소통을 위해서는 일정한 양의 영문법이 습관화되어야 한다는 것이다. 물론 수능을 보기 위해서 필요한 정도의 문법을 다 습관화 시키면 제일 좋다. 독해하는 정도의 문장을 자유롭게 말하고 영작을 하면 가장 좋을 것이다. 그러나 영어를 그렇게 하기 위해서는 아주 많은 노력이 필요하다. 모든 사람이 그 정도의 영어 공부를 해야 할까? 나는 아니라고 본다. 수능과 기타 영어 시험을 위해서 필요한 문법을 다 알아야만 영어로 의사소통을 할 수 있는 것은 아니다. 기본적인 의사소통을 위해서는 우리가 중학교에서 배우는 영문법만 잘 사용해도 충분하다. 물론 더 고급스런 영어를 위해서는 더 깊은 문법을 공부해야 하겠지만 우리가 말하는 실용영어를 하기 위해서는 중3 정도 수준의 영문법이면 된다고 본다.

다시 강조하면 기본적으로 영어를 잘하기 위해서 우리가 배우는 모든 영문법에 도사가 되어야 하는 것은 아니다. 우리가 중학교 때 배운 영문법만 확실하게 알고 그 내용을 습관화시키기만 해도 소위 '실용영어'라는 것을 잘할 수 있다.

어떻게 중3 정도의 영문법을 내 것으로 소화하고 습관이 되게 하는가? 이것이 문제이다. 이 책은 바로 그 문제에 대한 답이다. 이 책에서 소개하는 방법을 따라서 공부하면 중3 정도의 영문법을 내 것으로 만들고 영문법이 습관화되어 영어로 원어민과 원만한 의사소통을 할 수 있는 정도가 가능해질 것이다.

영문법을 어떻게 내 것으로 만들 수 있는가?

우선 첫 번째 여러분의 영문법 정복의 목표를 낮게 잡아야 한다. 중3 정도의 영문법 책에 나오는 내용도 너무 많을지 모른다. 적절하게 간추린 다음에 그 내용을 완전히 내 것으로 만들어야 한다. 중3 정도의 영문법을 분석해보면 영문법 용어로 약 30개 정도가 된다. 이것을 확실하게 이해하고 그 내용을 매일 연습해서 어떤 영문법 항목이 나오면 잠을 자다가도 바르게 답할 수 있게 훈련되어야 한다. 우리가 '3×7=21'이라고 답을 쉽게 하듯이 영문법의 내용이 마치 구구단처럼 내 안에 잘 준비되어 있어야 영어를 잘하게 된다.

이 책에서는 먼저 '영문법 숲'이라는 그림을 사용해서 30개의 영문법 항목을 이해한다. 그 다음 영문법의 내용을 반복적으로 연습을 하기 위해서는 30개의 영문법 내용을 담은 영어 문장을 만들어 그것을 반복해 듣고 분석하는 연습을 함으로써 기본적인 영문법이 내 것이 되게 한다. 일단 영문법이 내 것이 되게 되면 한국어 문장을 보고 영작해보고, 한국어 음성을 듣고 영작해보고, 마지막에는 어떤 생각이 떠오르면 영어로 말을 해보는 연습을 하게 되면 비로소 영문법이 습관화 되게 된다.

이 책은 그런 원리에 따라 디자인 되어 있다.

100문장과 30영문법 고리

이미 우리는 『50+50 English』 책을 통해서 100문장을 암기한 바 있다. 『50+50 English』 책에서 이미 100문장을 기억한 독자는 옆 페이지에 나오는 10장의 그림을 기억할 것이다. 각 그림마다 3개의 문법 고리를 연결시켜 놓았기 때문에 10장의 그림을 통해서 30개의 영문법 고리를 생각해낸다. 『50+50 English』 책은 그 100문장 속의 30개의 문장을 통해서 30개의 영문법 고리라고 불리는 영문법 용어를 알게 구성되어 있다. 이 30개의 영문법 고리를 일단 암기해두자. 이미 100문장을 암기한 독자는 30개의 영문법 항목을 기억하기가 쉬울 것이다. 옆 페이지는 어떻게 30개의 리스트를 암기한 문장으로부터 유추하는지를 보여주는 것이다.

100문장 중에서 끝자리 수가 1,4,7인 문장을 보면 30개 항목의 이름이 생각나도록 문장을 선정했다. 즉 4번은 "How many apples did you eat?"인데 'apples'를 보면서 영문법 항목 '명사'를 기억한다. 몇 곳은 문장에서 힌트를 얻을 수 없는 경우가 있는데 이런 경우는 그냥 암기해두도록 한다.

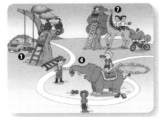

문장과 8품사, 명사, 대명사

0번 그림은 존이 여자친구 미셸을 동물원으로 데리고 와서 위로하는 장면을 묘사하고 있다. 미셸은 차가 고장났고, 원숭이는 감기에 걸렸으며, 사다리는 고물상에서 온 나무로 만들어졌다. 코끼리는 당뇨병에 걸렸고, 존은 다이어트 코크를 마시고 싶어하며, 나무 위에는 조련사가 올라가 있다. 쌍둥이는 조련사를 싫어하고 동생은 한 바퀴를 더 돌고 싶어하는 내용의 그림이다.

....

관사, 형용사, 부사

10번 그림은 존의 마지막 테니스 시합 광경을 그리고 있다. 심판관은 초등학교 중퇴이며 뇌물을 좋아한다. 볼보이는 누나가 두 명 있는데 둘 다 아프다. 그래서 병 간호를 하다보니 매일 시합장에 지각한다. 존이 시합 전에 상대방 선수의 안부를 묻는 상황이 묘사되고 있다.

....

동사, 조동사, 동사의 시제

20번 그림은 존이 테니스 시합을 마치고 테니스 클럽 회원들과 마지막 여름 캠프에 가서 벌어지는 상황을 묘사하고 있다. 산에 올라간 존은 배가 고프고, 새로운 신발을 신고 와서 발 뒤꿈치를 다친 학생, 힘들어 못 가겠다는 여학생, 캠핑 과정을 모니터하는 사장, 전망대에 올라간 선장, 배를 잘못 운전한 조수 등의 이야기가 있다.

....

진행형, 문장의 4가지 주요소, 문장의 종류

30번 그림에서는 캠핑에서 돌아온 존이 목이 말라 식수대를 찾는 광경을 묘사하고 있다. 식수대 근처에서 뭔가를 찾던 소녀, 고장난 식수대, 식수대 밑에 떨어져 있는 반지, 고장난 자판기, 동전을 넣었으나 음료수가 나오지 않아 발로 뻥뻥 차고 있는 존, 고장난 자판기를 수리하기 위해 오고 있는 서비스맨의 이야기 등이 그려져 있다.

....

문장의 5형식, 구, 절

40번 그림에서는 존의 친구 형인 폴이 다니고 있는 방송국에서 일어나는 일을 묘사하고 있다. PD는 노총각인데 미스 최라는 신입사원을 좋아하고 있다. 아나운서는 열심히 일을 하는 사람이지만 아부를 하고 핑계를 대는 나쁜 습관이 있다. 일기예보관으로 일하고 있는 폴은 사법고시에 두 번 낙방했다.

부정사, 동명사, 분사

50번 그림에서는 존의 할아버지와 할머니의 결혼 50주년 기념일 행사에 관한 이야기가 소개된다. 사진사는 채식주의자이고, 할아버지는 변호사였지만 지금은 은퇴했다. 할머니는 담배 연기에 알레르기가 있고, 피터는 공부는 썩 잘하지 못하지만 마음은 착해서 심부름을 잘 하는 상황들이 묘사되어 있다.

비교, 완료, 수동태

60번은 존의 아버지 병원에서 일어나는 상황이다. 여자 환자는 남자친구와 헤어져 남자를 증오하고, 침상에 누워 있는 환자는 병원 생활을 즐기고 있고, 남편이 백수인 간호사는 속이 타는 상황 등을 그리고 있다.

관계대명사, 관계부사, 부가의문문

70번은 존의 이모네 가게에서 일어나는 일들을 묘사하고 있다. 이모는 지금 유럽 여행 중이다. 매니저에게 가게를 맡기고 여행을 갔는데 그 사이에 도둑이 들어왔다. 청원경찰은 내일 모레 은퇴하기 때문에 가게 일에 관심이 없이 쿨쿨 잠만 자고 있다. 도둑의 아버지는 경찰서장인데 할 일이 없어서 도둑질을 했다고 한다. 매니저가 우유부단해서 결정을 내리지 못하는 상황 등을 그리고 있다.

간접의문문, 접속사, if절

80번 그림은 존이 초등학교 은사를 찾아가 인사를 하는 상황이다. 청소부 아주머니는 남편이 직업을 잃어버려서 2개의 직업을 갖고 일하느라 잠이 부족해서 환상을 본다. 선생님은 다른 사람 말에 참견하기를 좋아한다. 피터는 여학생을 좋아하지만 그 여학생은 피터를 싫어한다. 여학생은 공부도 잘하고 예쁘지만 물질에 약한 단점이 있다는 상황 등을 묘사하고 있다.

전치사, 시제일치, 화법

90번 그림은 존이 이집트에 가서 파트타임으로 일을 하면서 지내는 상황을 그리고 있다. 정 회장님은 90세지만 정정해서 피라미드를 오르다 그만 심장마비를 일으킨다. 응급요원들은 정 회장님이 어디에 있는지 몰라 헤메고, 김 사장은 장미가 비싼 것을 보고 놀라고, 압둘라 사장은 관광객들이 다시 사무실로 오는 것을 보고 장사가 잘 안 된다고 실망해서 뭐라고 중얼대는 상황 등이 그려져 있다.

앞에서 보듯 각 그림에는 일정한 숫자가 부여되어 있고 그 숫자가 우리가 암기한 문장의 번호였다. 이제부터 보는 차트에서 좌측의 번호는 문장의 번호이며, 가운데는 문장, 오른쪽은 그 문장과 함께 기억해야 할 문법 고리이다.

1	I need to fix my car as soon as possible.	문장
4	How many apples did you eat today?	명사
7	What are you doing up there?	대명사
11	Do you know how to cook this?	관사
14	I have two sisters and both of them are sick.	형용사
17	How often do you play tennis?	부사
21	There is some food on the table.	동사
24	You should call the doctor right away.	조동사
27	It goes without saying that I was so upset to see that.	동사의 시제
31	It looks like it is going to rain.	진행형
34	How much did you pay for that?	문장의 요소
37	We are very sorry for all the trouble we've caused you.	문장의 종류
41	Let me know when she comes in.	문장의 5 형식
44	Are you surprised at the news?	구
47	It's obvious that he failed the exam twice before he became a broadcaster.	절
51	I hate to admit it, but it's true. I am a vegetarian.	부정사
54	Thanks for coming. Hope to see you again soon.	동명사
57	Will you have him deliver it to my office?	분사
61	Be careful! You are as bad as my ex-boyfriend.	비교
64	I guess he must have fallen from the roof.	완료

67	You mean you didn't have an interview today?	수동태
71	What do you think of a security guard who is sleeping while he's on duty?	관계대명사
74	There was nothing to do.	관계부사
77	Which do you like better, the red one or the yellow one?	부가의문문
81	I don't know why you say that.	간접의문문
84	Both Peter and his friend liked her. That makes Peter worried.	접속사
87	If it rains, I am not going out with you.	가정법, 조건절
91	He was so excited at that time, no one realized that it was a fatal mistake.	전치사
94	I would appreciate it if you could share this with your friends.	시제일치
97	Mr. Abdullah said, "The more I think about it, the more frustrated I get."	화법

핵심 영문법 용어 30개의 뜻

지금까지 영문법의 중요성과 핵심 영문법 용어 30개의 이름을 기억하고, 영문법 숲이 어떻게 이루어졌는지에 대해서 공부했다. 이번에는 30개의 영문법 용어의 뜻이 무엇인지를 살펴보려고 한다. 30개의 영문법 용어의 뜻을 이해하고 나면 곧바로 구체적인 영문법 내용을 공부하게 될 것이다.

독자들이 영문법 공부의 효과를 극대화 하기 위해서는 이 책을 공부한 뒤에 '자신의 영문법 책'을 한 권 써보는 것이 좋다. 50페이지가 될지 아니면 100페이지가 될지 모르나 책을 보지 않고 영문법 책을 써본다는 것은 영문법을 공부하는 면에서 의미가 있는 일이 될 것이다. 만일 여러분이 이 책을 공부하고 나서도 자신의 영문법 책을 쓸 수 없다면 이 책을 다시 한번 보기 바란다. 아무런 책을 보지 않고도 자신이 이해한 영문법 내용을 다른 사람에게 설명하거나 글로 쓸 수 있을 때 여러분은 진정으로 영문법의 기초를 잡게 되는 것이다.

여기에 나오는 단어들의 정의가 처음 영문법을 공부하는 사람들에게 그리 쉽게 들어오는 개념은 아니다. 아무리 책을 쉽게 쓰려고 해도 영문법이라는 전체적인 문법의 개념을 설명하는 것이기에 쉽지만은 않다는 것을 미리 말해둔다. 이 책을 다 공부한 뒤에 이 부분을 다시 한번 복습해보라. 그러면 나중에는 이곳에서 말하는 부분이 명확하게 이해될 것이다.

01 _ 문장과 8품사

Once you see all those animals, you should feel better.

문장이란 사람의 생각을 다른 사람에게 전하기 위해서 일정한 법칙에 의해서 영어 단어를 나열한 것을 말한다. 단어의 기능은 두 가지로 나눌 수 있는데 어떤 단어가 문장 안에 있을 때와 문장 밖에 있을 때의 기능으로 나눌 수 있다. 문장 밖에 있는 단어란 '영어 사전 속'에 있는 단어를 말하고, 문장 안이라고 하면 "I like you"라는 문장 안에 있는 'I' 혹은 'like' 이런 단어를 말한다. 영어 사전에 있는 수십 만 개의 영어 단어를 기능별로 나눠보면 8가지의 종류가 되는데 이를 8품사라 한다. 즉, 문장을 이루는 단어가 아니라 단어 그 자체의 기능을 본 것을 품사라고 하며 8개 종류의 품사가 있다. 이 세상에 있는 모든 영어 단어의 기능은 다음과 같은 8개 중의 하나인 것이다.

명사

대명사

형용사

전치사

동사

부사

접속사

감탄사

위의 8가지 품사 중 가장 이해하기 쉽고 별볼일 없는 감탄사만 제외하고 위의 7가지 품사는 제시된 문장 안에서 살펴볼 수 있는데 4번에서 명사, 7번에서 대명사, 14번에서 형용사, 17번에서 부사, 21번에서 동사, 84번에서 접속사, 91번에서 전치사를 만나게 된다. 여기서는 위의 8품사가 어떤 기능을 가지고 있으며 어떻게 사용되는지에 대한 용법을 익힐 수 있다.

반면에 단어가 문장 안에서 무슨 역할을 하는가에 따라 단어의 기능을 측정한 것이 주어, 동사, 목적어, 보어, 연결어, 수식어 등이다. 뒤에서 문장의 요소를 다루면서 더 이야기하게 될 것이다.

영문법도 법이다. 즉, 규칙이라는 것이다. 모든 규칙은 규칙을 정확하게 설명하기 위한 용어들이 있다. 이러한 용어와 품사들의 기능을 잘 이해하게 될 때 영문법에 대해서 더 잘 이해하게 된다.

04 _ 명사

How many apples did you eat today?

모든 사물이나 사람에는 명칭이나 이름이 있게 마련인데, 그것이 명사이다. 문장 속에서 명사는 경우에 따라 주어, 목적어, 보어로 사용된다. 영문법을 처음 공부하는 분들은 아직 주어, 목적어, 보어라는 단어가 낯설 것이다. "샘은 사과를 좋아해"라는 문장에서 '사과'라는 단어는 명사이다. 우리가 표현하고자 하는 생각에는 이런 명사가 많다. 따라서 명사를 잘 이해하는 것은 매우 중요하다 하겠다.

07 _ 대명사

What are you doing up there?

위에 나온 명사를 대신해서 사용되는 단어를 말한다. 즉, 그 사물의 이름(명사)을 부르지 않고도 그 사물을 가리킬 수 있는 단어로서, it(그것), that(저것), you(너) 등이 대명사에 해당한다. 만일 대명사라는 것이 영어에 없었더라면 우리는 말하기가 매우 힘들었을지 모른다. 예를 들어, 학교에서 숙제 과제물을 내주고 그것을 모두 해가지고 오라고 한다 하자. 30명이 있는 학급에서 모든 학생이 다 숙제를 기일 안에 해오라고 말을 하는 경우에 대명사(너희들)를 사용하지 않는다면 30명의 학생들의 이름을 다 부른 뒤에 '숙제 기일 안에 해 와'라고 말을 해야 할 것이다. 그럴 때 쉽게 대명사가 있어서 '너희들(대명사) 숙제 기일 안에 해 와라'라고 말을 할 수 있는 것이다. 대명사도 명사의 일종으로 명사의 역할을 한다.

11 _ 관사

Do you know how to cook this? ———→ I used to know a recipe.

관사란 우선 형용사의 일종이다. 아직 형용사의 뜻을 모를 수 있으니 정확하게 감이 오지 않을 수도 있을 것이다. 형용사는 명사를 설명하거나 수식해주는 단어를 말하는데 관사도 그런 형용사의 역할을 하는 단어다. 관사의 특징은 단어인 명사 앞에 위치한다는 것이며, 관사는 주로 뒤에 나오는 명사가 한 개로 딱 집어서 지적할 수 있는지 아닌지를 표시하기 위해서 사용된다. 영어에서는 관사가 두 가지가 있는데 부정관사는 'a'라는 단어를 말하고 정관사는 'the'라는 단어를 말한다. 이 두 가지 관사는 뒤에 나오는 단어인 명사가 한 개로 지적을 할 수 있을 때는 the라는 정관사를 명사 앞에 써주고, 아니면 a라는 부정관사를 써준다. 따라서 우리가 항상 기억해야 할 것은 a가 나오면 뒤에는 불특정한 명사가 나온다는 이야기이고, the가 나오면 그 뒤에 나오는 명사는 한 개로 지적할 수 있는 명사가 나온다는 것이다.

14 _ 형용사

I have two sisters, and both of them are sick.

형용사란 명사나 대명사를 설명하거나 꾸며주는 단어다. 즉, 명사가 가리키는 어떤 사물의 성질이나 수량에 관해서 설명해준다. 예를 들면, apple(사과)이라는 명사에 대해 그 사과의 성질(빨간 사과)이나 수량(3개의 사과)을 나타냄으로써 apple이라는 명사를 보다 구체적으로 설명해주는 단어가 형용사다. 명사를 설명하는 단어가 형용사이므로 형용사를 많이 사용하면 할수록 표현하고자 하는 명사는 구체적이 된다.

"나는 한 개의 사과를 갖고 있다"는 문장에는 '한 개'라는 형용사밖에 없어서 구체적이지 않다. 그러나 "나는 샘이 어제 나에게 준 한 개의 빨간 사과를 갖고 있다"고 하면 사과가 어떤 색인지와 누가 준 사과인지까지 알 수 있어서 명사가 더 구체적이 된다. 이처럼 명사의 성질과 상태, 수량 그리고 그 명사에 관련된 이야기를 설명해주는 것을 형용사라 한다.

17 _ 부사

How often do you play tennis?

부사란 주로 동사와 형용사 그리고 다른 부사를 꾸며주는 단어를 말한다. 구체적인 예를 들자면 동사는 문장 중에서 주어가 어떻게 한다는 행동이나 상태를 나타내는 단어인데, 그 행동이나 상태를 나타낼 때 그 동작의 이유, 방법, 시간, 장소의 뜻을 나타내어 동사, 형용사, 그리고 다른 부사의 뜻을 더욱 명확하게 해주는 단어가 부사다. "그는 일한다"는 문장을 보면 그가 일을 한다는 것만을 알 수 있다. 그러나 "그는 열심히 일한다"는 문장으로부터는 그가 일을 하는 모습이 어떤지 나타나 있다. 여기에서 '열심히'라는 단어가 부사이다. 부사가 없어도 문장은 성립되지만 부사가 없으면 구체적인 동작의 이유, 방법, 시간과 장소를 나타낼 수 없기 때문에 문장이 싱거워진다. 그래서 구체적이고 상대방의 궁금증을 풀어주는 문장을 표현하기 위해서는 부사가 반드시 있어야 한다.

21 _ 동사

There is some food on the table.

동사란 사물의 동작이나 상태를 나타내는 단어다. 특히 문장 내에서는 주어의 동작이나 상태를 나타낸다. 여기서 동작은 어떤 사물이 움직이며 어떤 행위가 일어나는 것을 말하고, 상태란 어떤 동작은 없지만 그 사물이 어떤 상태에 있다는 것을 나타내는 것을 뜻한다. 모든 문장에는 동사가 반드시 있다. "샘은 어제 보스턴에 갔다"는 문장에서 동사는 '갔다'이다. 이 동사에는 여러 가지 정보가 들어있는데 그중에 하나가 시제라는 것이다. 동작이 언제 일어난 것인가를 말해주는 정보이다. 시제 외에도 다른 정보가 많이 있는데 나중에 공부하기로 하고 여기서는 동사는 명사와 더불어 기본적인 문장을 이루는 중요한 요소라는 것만 기억해두자.

24 _ 조동사

You should call the doctor right away.

조동사는 말 그대로 동사를 돕는 단어를 말한다. 즉, 동사를 도와서 시제, 법, 부정, 의문, 태, 강조 등을 나타낸다. 따라서 조동사는 문장 속에서 독립적으로 쓰이지 않으며 두 개 이상의 조동사를 연이어 쓰는 경우도 없다. "나는 일을 한다"는 표현은 영어로 "I work"이다. "나는 일을 할 수 있다"는 표현은 "I can work"이다. 한국어는 두 개의 표현이 좀 다르게 보이지만 영어는 조동사를 동사 앞에 놓아 이런 식의 표현을 한다. 동사의 분위기를 잡는 일을 조동사가 하는 것이다. 조동사는 동사를 도와서 여러 가지 일을 하기 때문에 잘 알아둘 필요가 있다.

27 _ 동사의 시제

What is going on down there?

문장 중에서 동사가 나타내는 사물의 동작이나 상태의 시간적인 정보를 동사의 시제라고 한다. 즉, 동사가 어떤 동작을 나타낼 때 그것이 오늘 일어난 것인지 아니면 어제 일어난 일을 말하는 것인지를 구별할 필요가 있는데 바로 그것을 동사의 시제로 나타낸다. 영어에는 일반적으로 언제 동작이 있는 가라는 것을 표현할 때 12개로 표현할 수 있다. 동사의 시제는 현재와 과거이외 나머지 10개는 조동사의 도움을 받아 표현한다. 즉 현재와 과거시제는 동사가 나타내지만, 다른 10개의 시제는 조동사를 동사 앞에 둠으로써 표현한다.

31 _ 진행형

It looks like it is going to rain.

진행형이란 동사의 12가지 시제 중 하나로, 어떤 동작이 시작되었지만 아직 끝나지 않은 경우에 사용하는 시제이다. 진행형을 못 쓰는 동사도 있다. 즉 시작은 분명히 있는데 끝이 정확하게 없는 동사는 진행형으로 사용하지 않는다. 나중에 구체적으로 배우게 되겠지만 주로 상태동사는 진행형으로 사용하지 않는다. 예를 들면 '소유한다'는 'have' 동사는 진행형으로 안 쓰는데 그 이유는 소유한다는 동사 자체가 시작점은 있지만 소유가 끝나는 시점이 불명확하기 때문이다. 그러나 밥을 먹는다는 동사는 밥을 먹는 시간과 밥을 다 먹은 시간이 정확하게 구별되기 때문에 진행형으로 할 수 있게 된다. 어떤 것이 시작되었으나 끝나지 않은 상태에 있다면 그 사이에 진행형이라는 시제를 사용해서 우리의 생각을 표현한다.

How much did you pay for that?

문장의 4 주요소란 한 문장이 구성되는 데 반드시 있어야 할 4개의 요소를 말한다. 즉, 주어, 동사, 목적어, 보어가 그것인데, 원어민들이 말하는 내용을 잘 분석해보니까 말을 할 때 주어, 동사, 목적어, 보어만을 사용해도 뜻이 통하는 문장을 만들 수 있다는 것이다. 이제까지가 문법 용어에 대한 공부였다면 이것은 영어 문장이 어떻게 구성되는지에 대한 것이다. 문장의 주요소는 나중에 품사로 나눠 보면 크게 명사와 동사 두 갈래로 나뉘며, 영어의 숲을 이해하려면 이 명사와 동사에 대해서 잘 알아야 한다.

We are very sorry for all the trouble we've caused you.

문장의 종류는 영어 문장을 두 가지 특색에 따라 나누어본 것을 말하는데, 한 가지는 의미상이고 다른 한 가지는 문장 구조상이다. 의미상이라고 하는 것은 이 문장이 어떤 뜻(어떤 내용을 서술하는가? 질문을 하는가? 명령을 하는가?)을 전하는가에 초점을 맞춘 것이며, 구조상이라는 것은 문법적으로 그 문장의 구조(문장 중에 주어가 몇 개 있는가? 얼마나 복잡한지 등의 구조)가 어떤 식으로 되어 있는가를 분석하는 데 그 특징이 있다. 의미상으로 나누면 평서문, 의문문, 감탄문, 기원문, 명령문으로 나뉘고, 구조상으로 나누면 단문, 중문, 복문 등으로 나뉜다.

41 _ 문장의 5형식

Let me know when she comes in.

문장의 5형식은 영미인들이 말하는 평서문 문장을 분석했을 때 5가지 유형으로 말하는 데서 나왔다. 즉, 그들이 말하는 평서문의 단어 배열의 순서를 살펴보면 5가지 종류가 된다는 것이다. 이제까지 우리가 암기해온 각 문장들은 모두 이 5형식 중 하나로 이루어져 있다. 예를 들면 1번에 "I need to fix my car as soon as possible"이라는 문장도 문장의 5형식 중 하나로 3형식의 모양을 취하고 있다. 우리가 영문법을 반드시 배워야 하는 이유가 바로 여기에 있다. 원어민들이 어떻게 말을 하는가를 영문법으로 올바르게 배워 우리도 그렇게 하기 위해서이다. 그런 차원에서 5형식을 제대로 알고 사용할 줄 아는 것은 영어를 배우는 데 있어서 아주 기초적이면서도 매우 중요한 것이다. 어떻게 보면 영문법을 배우는 목적이 이 5형식을 잘 활용할 수 있도록 하기 위함이라고 해도 과언이 아니다.

44 _ 구

Are you surprised at the news?

구는 두 개 이상의 단어가 모여서 하나의 품사 역할을 하는 것을 의미한다. 즉 영어에는 단어가 있고 구라는 것이 있는데, 구는 우리가 단어를 조합해서 만들어 단어처럼 사용하는 것이다. 예를 들면 'Apple'은 단어인 명사이다. 이 단어는 누군가 apple이 사과라는 의미라고 정해서 사전에 넣어 놓았다. 그런데 'To go there'라고 하는 것은 단어가 3개 모여 있다. 이것을 구(Phrase)라고 부르며 문장 안에서 명사로 사용할 수 있다. 영어에는 형용사구, 부사구, 명사구 이렇게 세 개의 구가 있다. 구를 공부하면서 중요한 것은 구는 우리가 만들어 사용한다는 것이다. 즉 형용사, 부사, 명사를 우리가 만들어 사용하는 셈이다.

47 _ 절

It's obvious that he failed the exam twice before he became
a broadcaster.

주어와 동사가 있는 문장이 다른 문장의 일부로 사용될 때 그것을 절이라고 한다. 영어에는 구와 마찬가지로 형용사절, 부사절, 명사절 이렇게 세 개의 절이 있다. 절(Clause)도 구와 마찬가지로 우리가 만들어 사용한다. 단지 절이 구와 다른 것은 절은 5형식과 같은 어떤 문장으로부터 만들어진다는 것이다. 즉 5형식 중에 하나인 어떤 문장이 있다면 그것을 사용해서 절을 만든다. 일반적으로 절은 평서문 문장 앞에 단어를 놓아서 만든다. 예를 들면 "I like you"라는 문장이 있을 때 이 문장 앞에 'that'이라는 단어를 붙여서 'that I like her'라고 했다면 그것은 절이 된 것이다. 구나 절은 우리가 만들어 사용하기 때문에 어떻게 만드는지, 언제 사용하는지, 종류는 몇 개인지를 잘 알아두면 아주 요긴하게 사용할 수 있다.

51 _ 부정사

I hate to admit it, but it's true. I am a vegetarian.

부정사는 'to+동사원형'의 형태를 말한다. 즉 동사 앞에 'to'라는 단어를 붙이면 그것이 문장 안에서 형용사나 부사 혹은 명사의 역할을 할 수 있게 된다. 즉 동사원형에 to를 앞에 붙여주면 그것이 형용사, 부사, 명사구로 탈 바꿈을 하는 것이다. 이렇게 동사를 변형시켜 동사가 아닌 다른 품사로 만드는 것을 준동사라고 한다. 준동사에는 여기서 말하는 부정사와 다음에 나오는 동명사와 분사가 있다. 영어에서 준동사의 역할은 매우 중요하므로 이 부분을 잘 공부해둘 필요가 있다.

54 _ 동명사

Thanks for coming. Hope to see you again soon.

동명사라는 것은 동사원형에 ~ing를 붙여서 만들어진 단어를 말한다. 부정사는 동사원형 앞에 to를 붙였지만 이번에는 동사원형 뒤에 ing를 붙였다. 동명사는 문장 중에서 명사로 사용된다. 부정사가 동사에서 명사로 탈바꿈을 했다면, 동명사도 동사에서 명사로 탈바꿈한 것이다. 이런 면에서 이 둘은 같지만 이 두 개를 사용하는 방법이나 의미는 다르다. 뒤에 나오는 분사 중에 현재분사는 동명사와 모양이 같다. 따라서 동명사인지 현재분사인지는 모양으로는 구분이 안 되는데 지금은 잘 안 보이겠지만 나중에 이 부분의 영문법을 공부하고 나면 확실하게 이해가 될 것이다. 달리 말하면 현재분사나 동명사가 모양이 같은데 그것을 보고 동명사인지 현재분사인지를 바로 알 정도가 되면 영문법의 기초가 어느 정도 잡혔다고 볼 수 있다.

57 _ 분사

Will you have him deliver it to my office?

분사에는 현재분사와 과거분사가 있다. 현재분사는 동명사와 같은 형태로 '동사원형+~ing'의 형태를 취하지만 동명사와는 달리 형용사로 사용된다. work라는 동사의 현재분사형은 work+ing 즉 working이 된다. 또 과거분사는 worked이다.

현재분사는 be동사와 합쳐져 진행형을 만들고 과거분사는 be동사와 합쳐져 수동태를, have동사와 합쳐져 완료시제를 만드는 아주 중요한 역할을 한다. 분사는 그 자체로는 형용사로 사용된다. 분사 자체도 중요하지만 진행형, 완료시제와 수동태라는 중요한 문법적인 기능을 만드는 데 사용되기 때문에 더욱이 중요하다.

61 _ 비교

Be careful! You are as bad as my ex-boyfriend.

형용사나 부사가 나타내는 성질, 상태 혹은 수량의 정도를 나타내기 위해서 형용사나 부사의 어미(단어의 끝부분)를 변형시키는 것을 비교라고 한다. 즉, 형용사나 부사는 어떤 상태를 설명할 때가 있는데 그 상태의 정도(이를테면, 크다, 아주 크다, 작다, 아주 작다 등)를 나타내기 위해서 부사나 형용사의 어미를 변형시키거나 한다. 비교에는 비교하는 정도에 따라 원급, 비교급, 최상급으로 나뉜다. 예를 들면 내가 어떤 남학생에게 여자친구를 하나 소개해주려고 한다. 그 남학생이 여학생이 어떻게 생겼냐고 물어본다. 내가 키는 몇 센티고 얼굴은 어떻게 생겼으며 눈은 이렇고 코는 어떻고… 이런 식으로 설명을 해도 잘 감이 오지 않는다. 이런 경우에 "그 여학생은 마치 한효주처럼 생겼어"라는 표현을 쓰면 그 남학생은 여학생에 대해서 금방 이해를 하게 될 것이다. 이처럼 묘사하고자 하는 것을 상대방이 알고 있는 것과 비교해서 표현을 하는 것을 비교라고 한다.

64 _ 완료

I guess he must have fallen from the roof.

완료는 동사의 시제 중 하나다. 완료시제는 2개의 시제를 연관시켜서 말할 때 사용하는 시제다. 언제 어떤 일을 했다, 라고 하면 그것을 나타내기 위해 단순한 시제 즉 과거, 현재, 미래를 사용하면 된다. 현재완료를 중심으로 말한다면, 완료시제는 ①전에 시작한 뭔가가 끝나서 더 이상은 그런 일을 할 필요가 없는 동작의 완료 ②전에 일어난 일로 인해서 현재 어떤 상황에 있다는 결과를 나타낼 때 ③전부터 지금까지 해온 경험이 있다든지 ④전부터 지금까지 어떤 상태를 계속해서 유지해오고 있다는 계속의 의미를 표현하고자 할 때 완료시제를 사용한다. 간단한 예를 들면 ①I finished my homework라는 문장은 단순히 과거에 숙제를 끝냈다는 표현이다. 그러나 ②I have finished my homework라고 하면 나는 이제 숙제를 마쳤기 때문에 현재 더 이상 숙제를 하지 않아도 된다는 완료의 뉘앙스를 갖게 된다. 과거시제는 과거의 일을 말하는 반면에 현재완료는 현재를 강조하는 점이 다르다.

67 _ 수동태

You mean you didn't have an interview today?

태는 문장을 표현하는 방법으로 영문법 상에 태는 두 가지가 있는데 하나는 능동태이고, 다른 하나는 수동태다. 수동태란 문장 속에서 목적어가 주어에게 어떤 영향을 미치는 동사의 형태를 말한다. 능동태는 수동태와 반대되는 개념으로 주어가 목적어에게 영향을 미치는 동사의 형태다. 다시 말하면, 보통 주어가 목적어를 동사한다는 식으로 말을 하는데 그것이 능동태이고, 반면 목적어가 주어에게 무엇을 해 준다는 식으로 말을 하면 그것이 수동태가 된다. 즉 '나는 그녀를 사랑한다'는 능동태이다. 수동태는 '그녀는 나에 의해서 사랑받아진다'는 식으로 말하는 것이다.

71 _ 관계대명사

What do you think of a security guard <u>who</u> sleeps on the job?

관계대명사는 who, which, what과 같은 단어이다. 이 단어를 어떤 평서문 문장 앞에 붙이면 그 문장은 관계대명사절이 된다. 관계대명사절은 다른 단어인 명사를 수식하는 형용사절이 된다. 구체적인 것은 나중에 공부하기로 하고 여기서는 관계대명사란 형용사절을 만드는 단어라는 것과 관계대명사절은 사람이나 사물인 명사를 설명하는 데 사용한다는 정도만 알자. 예를 들면 "이것은 빨간 사과이다"라는 문장에서는 '사과'가 명사이다. '이것은 미셸이 나에게 준 빨간 사과'라고 말을 한다면 '미셸이 나에게 준'에 해당하는 것을 관계대명사로 표현하게 된다.

74 _ 관계부사

There is nothing to do.

관계부사는 why, how, when, where 등과 같은 단어를 말한다. 이 단어들을 문장 앞에 놓으면 그 문장은 형용사절이 된다. 앞에서 말한 관계대명사와 같다. 관계부사절도 형용사절로 명사를 수식하는데 관계대명사와의 차이점은 수식하는 명사가 이유, 방법, 시간 혹은 장소인 명사라는 것이 다르다. 예를 들면 "이것은 아담한 커피숍이다"라는 문장이 있다면 그것은 단지 어떤 장소를 표현한다. 반면에 그 장소에 구체적인 내용을 주어서 "이것은 내가 그녀를 처음 만났던 아담한 커피숍이다"라고 한다면 '내가 그녀를 처음 만난'에 해당하는 것은 관계부사절로 표현한다.

77 _ 부가의문문

Which do you like better, the red one or the yellow one?

상대방의 의중을 떠볼 때 우리는 어떤 말을 먼저 하고 그 말에 대해서 상대
방이 긍정이나 부정을 하도록 유도하는 경우가 있다. 예를 들면 "야, 너 저녁
먹었지? 안 먹었어?"라는 식의 문장이 부가의문문이다. 회화를 하면서 많이
사용하는 표현이다. 특히 위의 문장에서 "안 먹었어?"라는 부분이 어떤 문장
에 부가적으로 붙기 때문에 부가의문문이라는 이름이 붙게 되었다.

81 _ 간접의문문

I don't know why you say that. What makes you say that?

간접의문문이란 의문문이 명사절이 되어 다른 문장의 주어, 목적어, 보어가
된 문장을 말한다. 예를 들면 "나는 그녀가 형사인지 아닌지를 모르겠어"라
는 문장에서 '그녀가 형사인지 아닌지'에 해당하는 것은 "그녀가 형사니?"라
는 의문문으로 표시될 수도 있는데 바로 이런 형태의 문장을 간접의문문이
라고 한다. 이런 식의 문장에는 "너는 그녀가 왜 울고 있는지를 아니?"라는
표현이 있다. 여기서는 "그녀가 왜 우니?"라는 의문문이 다른 문장의 일부가
되어 있다. 아무튼 의문문을 포함하는 문장이 간접의문문이라고 기억하고
이런 문장이 쓰이는 곳이 많으므로 잘 공부해두도록 한다.

84 _ 접속사

Both Peter and his friend liked her. That made Peter worried.

접속사는 단어와 단어를 연결하는 데 사용 되는 단어이다. "너와 나는 내일
보스톤 회의에 참석해야 돼"라는 문장에서 '너와 나'는 접속사 '와'로 연결되

어 있다. 접속사가 포함되면 문장이 길어진다. 앞에서 생각해본 관계대명사와 관계부사도 접속사의 일부이다. 문장이 길어지면 복잡해 보인다. 그래서 복잡한 문장을 잘 분석하기 위해서는 접속사를 잘 이해하면 문제가 쉬워진다는 것을 기억해두자. 특히 등위접속사를 공부할 때는 등위접속사로 단어, 구, 절을 연결할 때 문법적으로 같은 기능의 요소를 연결한다는 병렬법 혹은 병치법에 대해서 잘 알아두어야 한다.

87 _ if절

If it rains, I am not going out with you.

If I were you, I would ask someone else.

if라는 단어를 사용하는 경우는 두 가지가 있다. "내일 비가 오면 나는 집에서 TV 볼 거야"라는 문장에서 '내일 비가 온다면'이라는 표현을 사용할 때 if라는 단어로 시작을 한다. 어떤 실현가능성이 있는 것을 가정해볼 때 사용하는 것이다. 반면에 불가능한 것을 상상할 때도 있다. '내가 너라면 그녀와 결혼할 텐데'라는 식의 표현에서는 '내가 너라면'은 불가능한 상상이다. 이런 때도 if라는 단어를 사용한다. 위에서처럼 가능한 것을 상상할 때는 단순조건절이라고 하고, 뒤의 경우처럼 실현 불가능한 것을 상상해보는 것을 가정법이라고 한다. 위의 두 가지 경우 둘 다 if라는 단어를 사용해서 문장을 표현하고 이것을 단순조건절 혹은 가정법을 만드는 if절이라고 한다.

91 _ 전치사

He was so excited at that time, no one realized that
it was a fatal mistake.

명사나 명사 상당어구(명사구나 명사절)와 결합해서 부사나 형용사 역할을 하는 것을 전치사라고 하며, 자주 쓰이는 전치사는 약 40여 개가 있다. 일반적으로 전치사는 명사 앞에 위치하며, 전치사 뒤에 위치하는 명사가 전치사의 목적어가 된다. 전치사는 뒤에 나오는 명사의 장소, 시간, 방법 등을 나타내는 표현에 많이 사용된다. 전치사+명사를 이루는 구를 '전+명구'라고도 하며 문장을 길게 만드는 요소 중에 하나이다.

94 _ 시제일치

I am very sorry to tell you that Mr. Jung <u>passed</u> away last night.

시제일치는 주절과 종속절이 있는 복문에서만 일어나는 문법상의 문제로, 종속절의 시제가 주절의 시제에 의해 영향받는 것을 말한다. 예를 들면 내가 어떤 학생에게 사과를 내일 사다주려고 한다. 그런 말을 했더니 그 학생이 "선생님이 나에게 내일 <u>사다준다고</u> 하는 사과를 잘 <u>먹었다</u>"라고 한다면 문장이 좀 이상하게 들릴 것이다. 왜냐 하면 아직 사지도 않은 사과를 이미 먹었다고 하기 때문이다. 이처럼 시제가 안 맞는 문장은 듣기에 좀 이상하게 된다는 것을 알아두자.

97 _ 화법

Mr. Abdullah said, "The more I think about it, the more frustrated I get."

다른 사람의 말이나 생각을 말하는 사람의 입장에서 듣는 사람에게 전달하는 방식을 화법이라고 한다. 화법에는 두 가지가 있는데, 하나는 직접화법으로 그 사람이 말한 그대로를 인용부호인 ' '나 " "을 사용해서 전달하는 형식이고, 또 하나는 간접화법으로 그 사람이 말한 내용을 자기말로 고쳐서 전달하는 방식이다. "존은 '나는 배고파'라고 말했어"라는 표현은 직접화법이다. 그러나 "존은 존이 배고프다고 말했어"라고 인용부호를 사용하지 않고 다른 사람이 말한 것을 내가 소화해서 말을 한다면 그것은 간접화법이 된다. 때로는 직접화법을 사용해야 할 때가 있고 때로는 간접화법을 사용해서 표현할 수도 있어야 한다.

이제까지 '영문법의 30개 핵심 용어'에 대해서 살펴보았다. 이들 내용이 잘 이해가 되는지 확인해보고 잘 이해되지 않는 부분이 있으면 다시 복습해서 완전히 이해한 후 다음 진도를 나가라. 문법에서 사용하는 단어들의 의미를 확실하게 이해하는 것이 중요하다. 시간이 들더라도 한두 번 반복해서 의미를 살펴보고 30개의 영문법 고리의 의미를 확실하게 정리하고 나간다.

영문법 숲과 30개 영문법 항목

우선 30개의 항목을 다시 생각해보자. 아래 도표에 나와 있는 번호와 항목
을 위의 영문법 숲에 비교해가며 30개 항목의 위치를 확인해둔다.

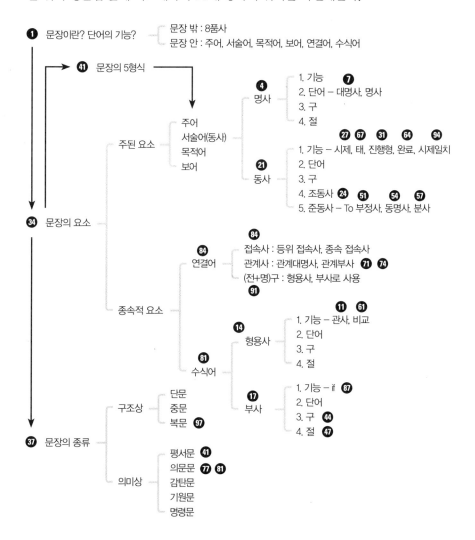

1	문장	51	부정사
4	명사	54	동명사
7	대명사	57	분사
11	관사	61	비교
14	형용사	64	완료
17	부사	67	수동태
21	동사	71	관계대명사
24	조동사	74	관계부사
27	동사의 시제	77	부가의문문
31	진행형	81	간접의문문
34	문장의 요소	84	접속사
37	문장의 종류	87	가정법, 조건절
41	문장의 5 형식	91	전치사
44	구	94	시제일치
47	절	97	화법

우선 위의 도표를 그려 나가면서 영문법 숲의 전체 내용을 살펴보도록 한다. 영문법 숲 차트에서 명사, 동사, 접속사, 관계사, 전+명구, 형용사, 부사에 대해서 공부를 하면 영문법의 전체적인 숲을 보게 된다. 여기서 영문법의 숲을 전체적으로 본 다음에 영문법 숲을 이루는 30개의 항목을 좀더 구체적으로 살펴보려고 한다. 독자는 이 영문법 숲을 그려 가면서 매일 세 번 정도 스스로 그려 보고 이 내용을 설명해보도록 한다.

영문법을 정복하기 위해서는 먼저 다음 네 개의 질문에 답하면 된다.
문장이란 무엇인가?
문장의 요소는 무엇인가?
문장의 종류에는 어떤 것이 있나?

위 네 개의 질문을 다음과 같이 표시한다.

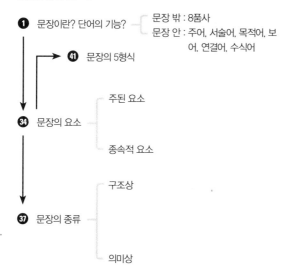

영문법 숲 1단계 - 1

❶ 문장이란? 단어의 기능? ⎡ 문장 밖 : 8품사
⎣ 문장 안 : 주어, 서술어, 목적어, 보
　　　　　　어, 연결어, 수식어

㊶ 문장의 5형식

　　　　　　　주된 요소
㉞ 문장의 요소
　　　　　　　종속적 요소

　　　　　　　구조상
㊲ 문장의 종류
　　　　　　　의미상

문장이란 무엇인가?

문장이란 사람의 생각을 다른 사람에게 전달하기 위해서 단어를 일정한 법
칙 아래 나열한 것이다. 문장에 사용하는 단어는 사전에서 가져온다. 즉 우
리는 사전에 있는 단어를 일정한 법칙으로 배열해서 문장을 만든다. 우리가
영어를 잘 못한다는 것은 이 문장을 빨리, 바르게 만들지 못하고 또 원어민
이 말하는 것을 빨리 바르게 알아듣지 못한다는 것이다. 영어를 잘하려면 이
문장을 빨리, 바르게 만들 줄 알면 되는 것이다.

사전에 있는 단어는 매년 영어를 연구하는 언어학자들이 검수해서 새로운 단어를 매년 집어 넣는다. 우리가 거의 매일 사용하는 인터넷(Internet)이라는 단어가 사전에 들어가게 된 것은 20년도 채 안 될 것이다. 사전에 있는 단어들의 기능을 말할 때는 '~ 사'라고 하며 8개가 있어서 8품사라고 한다. 즉 명사, 대명사, 형용사, 전치사 그리고 동사, 부사, 감탄사, 접속사 등이 있다. 이 8품사는 단어들이 하는 기능을 말한다.

우리는 이런 단어들을 사용해서 문장을 만드는데 이런 단어들이 문장 안에 들어가면 문장 안에서 하는 기능이 다르다. 문장 안에서의 기능은 '~어'라고 부르며 6 개의 '~어'가 있다. 주어, 서술어, 목적어, 보어 그리고 연결어, 수식어 등이 그것이다. 즉 문장 안에는 6 개의 '~어' 밖에 없다. 나중에 어떤 품사의 단어가 문장 안에 들어가 어떤 '~어'가 되는지를 보게 될 것이다. 예를 들면 명사라는 단어는 문장 안에 들어가면 주어, 목적어 혹은 보어라는 기능을 하게 된다. 이것은 나중에 자세히 공부하게 될 것이다.

문장의 요소란?

문장의 요소란 문장 안에 있는 단어들을 두 개의 그룹으로 묶고 주된 요소 혹은 종속적인 요소라고 이름을 붙인 것이다. 즉 주어, 서술어, 목적어 그리고 보어를 주된 요소라고 부르고 나머지를 연결어와 수식어라고 부른다. 특별한 문법적인 의미는 없고 영문법을 구체적으로 배우기 위해서 구분해 놓은 것이다.

문장의 종류란?

문장의 종류는 구조상과 의미상으로 나눈다. 구조상 분류는 구조가 간단한 단문, 구조가 복잡한 복문 그리고 단문이 여러 개 나오는 구조를 의미한다.

왜 구조가 다른 문장이 있을까? 문장은 사람의 생각을 전달하기 위해서 만드는 것인데 우리 생각도 어떤 것은 간단하지만 때로는 복잡한 생각도 있게 마련이다. 복잡한 생각은 복문으로 표현한다고 보면 된다.

문장의 종류를 우리가 전달하고자 하는 생각의 내용으로 보면 평서문, 의문문, 감탄문, 기원문 그리고 명령문으로 나뉜다. 평서문이란 주어가 어떤 동작이나 상태에 있다는 것을 말하는 것이다. 의문문은 상대방의 동작이나 상태를 질문하는 것이고, 감탄문은 어떤 일을 보고 깜짝 놀라는 것을 문장으로 표현한 것이며 명령문은 앞으로 어떤 일을 하거나 어떤 상태가 되라고 요구하는 것을 표현하는 문장이다. 기원문은 하나님께 기도 드리는 내용을 표현하는 문장이다.

문장의 5형식이란?

문장의 5형식은 평서문을 만들기 위해서 단어를 나열하는 방법을 말한다. 평서문은 주어가 어떤 동작이나 상태에 있는 것을 표현하는 문장인데 평서문을 만드는 방법에는 일반적으로 5가지가 있다. 주어가 어떤 동작이나 상태를 취하는 종류가 5가지가 있는 것이다. 그런데 문장의 5형식은 문장의 주된 요소 즉 주어, 서술어, 목적어 그리고 보어만을 사용한다. 다시 말해서 문장의 주요 요소 즉 주어, 서술어, 목적어, 보어만 가지면 평서문을 만들 수 있다. 문장의 5형식을 잘 이해하는 것은 매우 중요하므로 5형식의 정의는 반드시 암기해두도록 한다. 문장의 5형식이란 평서문을 만들기 위해서 주어, 서술어, 목적어, 보어를 어떻게 나열하는지를 보여주는 나열 법칙이다. 나열하는 방법이 5개이기 때문에 5형식이라고 한다.

앞의 영문법 숲 차트를 보면 주된 요소인 주어, 서술어, 목적어, 보어가 명사

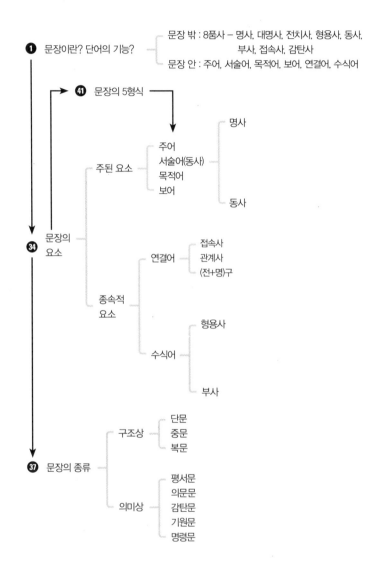

❶ 문장이란? 단어의 기능? ⎰ 문장 밖 : 8품사 – 명사, 대명사, 전치사, 형용사, 동사,
　　　　　　　　　　　　　　　 부사, 접속사, 감탄사
　　　　　　　　　　　　　⎱ 문장 안 : 주어, 서술어, 목적어, 보어, 연결어, 수식어

㊶ 문장의 5형식

주된 요소 ⎰ 주어 ⎰ 명사
　　　　　　서술어(동사)
　　　　　　목적어
　　　　　⎱ 보어 ⎱ 동사

㉞ 문장의 요소

종속적 요소 ⎰ 연결어 ⎰ 접속사
　　　　　　　　　　　관계사
　　　　　　　　　　⎱ (전+명)구

　　　　　　 수식어 ⎰ 형용사
　　　　　　　　　　⎱ 부사

㊲ 문장의 종류

구조상 ⎰ 단문
　　　　 중문
　　　⎱ 복문

의미상 ⎰ 평서문
　　　　 의문문
　　　　 감탄문
　　　　 기원문
　　　⎱ 명령문

와 동사로 나뉘는 것을 볼 수 있다. 이것은 명사라는 단어가 문장 안에서 주어, 목적어 혹은 보어로 사용되는 것을 말 한다. 또 동사는 문장 안에서는 서술어로 사용됨을 말한다.

같은 맥락에서 접속사, 관계사 그리고 (전치사+명사)구는 문장 안에서 단어와 단어, 구와 구, 절과 절을 연결하는 역할을 하기 때문에 연결어라고 부르며, 형용사와 부사는 각각 명사와 주로 동사를 설명하는 일을 하기 때문에 수식어라고 한다.

우리가 영문법을 정복하려면 4가지 질문에 답하면 된다고 했는데 좌측의 영문법 숲에 의하면 위의 4가지 질문의 답은 곧 ①명사 ②동사 ④접속사 ④관계사 ⑤전+명구 ⑥형용사 ⑦부사 등을 잘 알면 된다는 것이다. 앞으로 영어를 공부할 때 이와 같이 구체적으로 무엇을 공부해야 할지를 알고 있으면 좋다.

우리가 위에서 지적한 7가지에 대해서 공부할 때 구체적으로 무엇을 공부할지를 생각해보아야 하는데 형용사, 부사 그리고 명사는 4가지를 공부해야 하며, 동사는 5가지, 접속사와 관계사는 2가지를 그리고 전+명구는 2가지로 사용된다. 이와 같은 내용을 차트에 표시해보았다. 옆쪽의 영문법 숲 차트를 이해하고 또 암기해두도록 한다. 암기가 되었으면 하루에 3번 정도 외우고 책을 보지 않고 설명해보도록 한다.

이 영문법 숲의 내용은 우리가 구구단을 암기하듯이 이해가 되어야 하고 숙달되어서 언제 어디서나 이 내용을 생각해낼 수 있어야 한다. 이 영문법 숲은 물고기를 잡는 그물과도 같아서 이런 내용을 잘 알고 있지 않으면 우리가 애써 공부한 자세한 문법 지식이 빠져 나가게 될 수도 있다.

영문법 숲에서 명사 찾기

명사를 기억할 때는 4가지, 즉 기능, 단어인 명사, 구인 명사, 절인 명사를 공부한다.

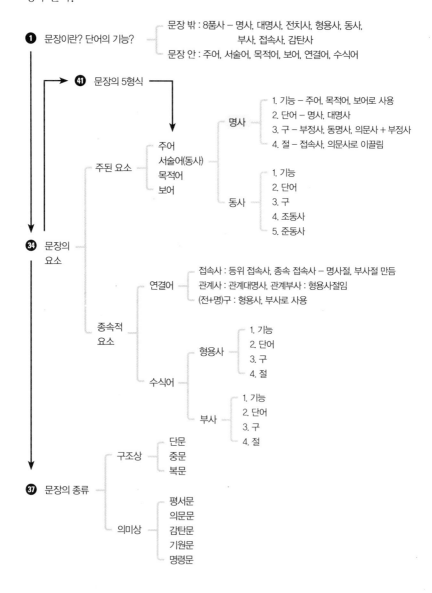

❶ 문장이란? 단어의 기능? ┌ 문장 밖 : 8품사 – 명사, 대명사, 전치사, 형용사, 동사, 부사, 접속사, 감탄사
　　　　　　　　　　　　　└ 문장 안 : 주어, 서술어, 목적어, 보어, 연결어, 수식어

㊶ 문장의 5형식

주된 요소 ── 주어 / 서술어(동사) / 목적어 / 보어

명사
1. 기능 – 주어, 목적어, 보어로 사용
2. 단어 – 명사, 대명사
3. 구 – 부정사, 동명사, 의문사 + 부정사
4. 절 – 접속사, 의문사로 이끌림

동사
1. 기능
2. 단어
3. 구
4. 조동사
5. 준동사

㉞ 문장의 요소

종속적 요소

연결어
접속사 : 등위 접속사, 종속 접속사 – 명사절, 부사절 만듦
관계사 : 관계대명사, 관계부사 : 형용사절임
(전+명)구 : 형용사, 부사로 사용

수식어

형용사
1. 기능
2. 단어
3. 구
4. 절

부사
1. 기능
2. 단어
3. 구
4. 절

㊲ 문장의 종류

구조상 ── 단문 / 중문 / 복문

의미상 ── 평서문 / 의문문 / 감탄문 / 기원문 / 명령문

▶ 좌측의 영문법 숲 차트에서 보면 명사는 ①기능 ②단어 ③구 ④절이라고 되어 있는데 이것은 명사의 종류가 단어뿐 아니라 명사구와 명사절도 있음을 말한다. 구란 2개 이상의 단어가 모여서 마치 한 개의 품사 역할을 하는 것을 말한다. 또 절이라는 것도 있는데 절도 2개 이상의 단어가 모여서 주어+동사의 관계를 이루면서 하나의 품사역할을 하는 단어 집단을 말하는데, 영어에는 3개의 구와 3개의 절이 있다. 3개의 구는 형용사구, 부사구, 명사구이며 3개의 절은 형용사절, 부사절, 명사절이다.

▶ 단어와 구와 절의 차이점은 단어는 누군가 만들어 영어 사전에 넣어 놓은 것을 우리가 가져와 문장을 만들 때 사용하지만 구와 절은 우리가 만들어 사용한다는 것이다. 구와 절을 다룰 때 주의해야 할 것은 ①종류가 몇 개나 있는지? ②어떻게 만드는지? ③언제 사용하는지를 반드시 알아야 한다.

▶ 명사구에는 부정사, 동명사 그리고 의문사+부정사가 있다. 부정사는 to에 동사원형을 붙여서 만들고, 동명사는 동사원형에 ing를 붙여서 만든다. 예로는 to know me라든지 Mastering English within a month와 같은 문장이 동명사를 포함하는 문장이다.
의문사는 의문대명사와 의문부사가 있는데 의문대명사는 우리말에 누구와 무엇에 해당하는 who와 what 혹은 which이며 의문부사는 이유, 방법, 시간, 장소를 질문할 때 사용하는 단어들인데 이유는 why, 방법은 how, 시간은 when, 장소는 where로 나타낸다. 이렇게 만들어진 명사구는 문장 중에서 명사와 같이 주어, 목적어, 보어로 사용된다. 그래서 의문사+부정사의 예로는 what to do 혹은 where to go 등이 있다.

▶ 영어에서는 일반적으로 절을 만들 때 평서문 앞에 단어를 놓아서 절을 만든다. 명사절을 만드는 단어는 2가지가 있는데 접속사라는 단어와 의문사라는 단어이다. 즉 [단어+평서문]과 같은 구조를 갖게 되면 절이 된다. 예를 들면 평서문이 I like her라는 평서문이고 단어가 that이라면 that I like her라는 표현이 될 것이다. 이 표현은 명사절. 명사절을 만드는 접속사가 that이기 때문이다. 접속사로 만들어지는 명사절은 that I like her나 whether I like her와 같은 문장이다.
명사절을 만드는 접속사는 that과 if 혹은 whether라는 단어가 있고 의문사는 다시 의문대명사(who, which, what)와 의문부사(why, how, when, where) 등이 있어서 이런 단어 뒤에 평서문이 오게 되면 그것이 명사절이 되어 문장 중에서 주어, 목적어, 보어를 사용하게 된다. 의문사 명사절의 예로는 What you wanted와 같은 문장이다.

왜 영어에서는 구와 절을 우리가 만들어 사용하도록 할까? 그 이유는 간단하다. 단어로만 표현할 수 없는 우리의 생각이 있기 때문이다. 문장이란 무엇이었나? 문장이란 사람의 생각을 다른 사람에게 전달하기 위해서 일정한 법칙 아래 단어를 나열한 것이라고 했는데, 단어만으로는 표현할 수 없는 것이 있기 때문이다. 예를 들면 "나는 수영하는 것을 좋아한다"는 표현을 할 때 '수영하는 것'은 단어로는 표현할 수 없기 때문에 우리가 만들어 사용하는 것이다.

절도 마찬가지이다. 명사절은 문장이 명사가 되는 것을 말하는데 우리가 표현하는 것 중에 "나는 네가 아팠다는 것을 몰랐다"라는 표현이 있다. 즉 내가 몰랐던 내용이 '네가 아팠다는 것'이다. 이것은 네가 아팠다는 문장이 명사절이 된 것이다. 이처럼 어떤 '문장'을 명사로 바꾸어서 다른 문장에서 명사로 사용하려면 명사절을 만들어 사용하면 된다.

영문법 숲에서 동사 찾기

동사를 공부할 때는 기능, 단어, 구, 조동사, 준동사 등 5가지를 다루어야 한다.

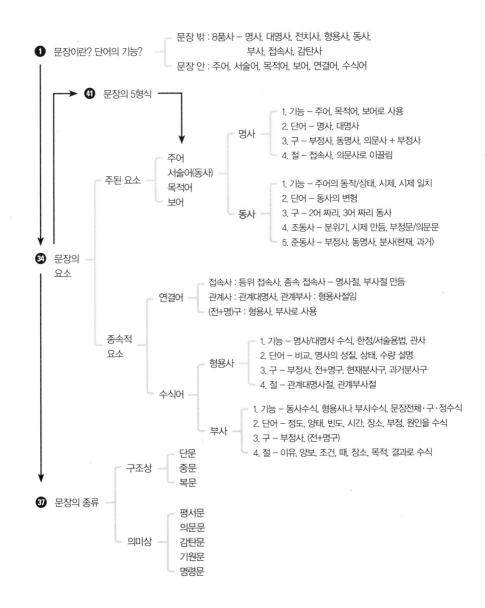

❶ 문장이란? 단어의 기능?
- 문장 밖 : 8품사 – 명사, 대명사, 전치사, 형용사, 동사, 부사, 접속사, 감탄사
- 문장 안 : 주어, 서술어, 목적어, 보어, 연결어, 수식어

㉔ 문장의 5형식

❸❹ 문장의 요소

주된 요소
- 주어
- 서술어(동사)
- 목적어
- 보어

명사
1. 기능 – 주어, 목적어, 보어로 사용
2. 단어 – 명사, 대명사
3. 구 – 부정사, 동명사, 의문사 + 부정사
4. 절 – 접속사, 의문사로 이끌림

동사
1. 기능 – 주어의 동작/상태, 시제, 시제 일치
2. 단어 – 동사의 변형
3. 구 – 2어 짜리, 3어 짜리 동사
4. 조동사 – 분위기, 시제 만듬, 부정문/의문문
5. 준동사 – 부정사, 동명사, 분사(현재, 과거)

종속적 요소

연결어
- 접속사 : 등위 접속사, 종속 접속사 – 명사절, 부사절 만듬
- 관계사 : 관계대명사, 관계부사 : 형용사절임
- (전+명)구 : 형용사, 부사로 사용

수식어

형용사
1. 기능 – 명사/대명사 수식, 한정/서술용법, 관사
2. 단어 – 비교, 명사의 성질, 상태, 수량 설명
3. 구 – 부정사, 전+명구, 현재분사구, 과거분사구
4. 절 – 관계대명사절, 관계부사절

부사
1. 기능 – 동사수식, 형용사나 부사수식, 문장전체·구·정수식
2. 단어 – 정도, 양태, 빈도, 시간, 장소, 부정, 원인을 수식
3. 구 – 부정사, (전+명구)
4. 절 – 이유, 양보, 조건, 때, 장소, 목적, 결과로 수식

❸❼ 문장의 종류

구조상
- 단문
- 중문
- 복문

의미상
- 평서문
- 의문문
- 감탄문
- 기원문
- 명령문

▶ **동사의 기능** : 동사는 주어의 동작이나 상태를 서술한다. 문장이 되기 위해서는 반드시 주어와 동사가 있어야 한다. 주어가 어떤 동작이나 상태에 있다는 것을 설명해야만 비로서 문장이 될 수 있다. 동사가 주어의 동작이나 상태를 서술한다 했으니까 주어의 동작이나 상태가 있는 시간이 있을 것이다. 주어가 동작을 하는 시간을 시제라고 부르며 영어에는 12시제가 있다. 12시제 중에서 현재와 과거는 동사 자체에서 나타내고, 나머지 10시제는 조동사의 도움을 받아서 표현한다. 12시제를 다루면서 시제일치를 알아둘 필요가 있다. 시제일치란 복문에서만 일어나는 문법적인 사항인데 복문의 주절의 시제가 과거이면 종속절의 시제도 과거나 과거 이전의 시제가 되어야 표현이 바르게 된다. 그렇지만 시제일치에는 예외도 많이 있으므로 주의해야 한다. 동사를 다루면서 가장 비중 있게 다루어야 하는 것은 동사는 자동사와 타동사로 나뉘며, 타동사 뒤에는 목적어가 반드시 와야 한다는 것이다. 동사 뒤에 나오는 것은 문장의 5형식에 규정되어 있는데 목적어와 보어가 문장의 5형식에서 정한 대로 나와야 한다. 그리고 동사가 나오면 부사가 동사하는 이유, 방법, 시간, 장소를 설명하기 위해서 나올 수 있다. 문장의 5형식을 보면 동사 뒤에 목적어와 보어가 나올 수 있게 되어 있는데 동사 뒤에 나오는 목적어와 보어를 다른 말로 문장의 형식요소라고도 한다.

▶ **단어인 동사** : 단어인 동사는 문장 안에서 5개의 모양을 취한다. 즉 원형이라는 동사의 모습은 문장 밖에서의 동사의 모습이다. 즉 문장 밖에서는 주어가 없음으로 실제 일어난 동작이나 상태를 말하는 것이 아니라 동사의 의미만을 표현한다. 현재형은 동사의 현재를, 과거형은 주로 동사원형에 ~ed를 붙이는데 동사가 일어난 시간이 현재보다 이전일 경우에 과거형을 사용한다. 이외에도 동사원형에 ing를 붙인 현재분사형, 그리고 주로 동사원형에 ~ed 를 붙인 과거분사형이 있다.

▶ **동사구** : 동사에도 구가 있다. 2개 이상의 단어가 모여서 하나의 동사 역할을 하는 것을 동사구라고 하며 단어가 2개 혹은 3개 모여서 된다. 다른 구와 달리 동사구는 우리가 만들기보다는 원어민들이 만들어 사용하는 것을 가져다 사용한다. 2개 단어로 된 동사구의 예는 turn off나 laugh at 등이며, 3개 단어로 된 동사구는 take care of ~나 get rid of~ 등이 예이다. 동사구는 단어와 같이 문장으로 암기해 두는 것이 좋다.

▶ **조동사** : 조동사는 동사를 도와서 동사의 분위기, 시제, 부정과 의문문을 만드는 데 사용된다. 조

동사는 원래 기능이 동사를 돕게 되어 있기 때문에 동사 없이 혼자 사용되지는 않는다. 조동사 can, may, must, will, shall은 동사의 분위기를 잡는다. 또 be, have 동사는 시제를 만드는 데 사용된다. be+현재분사는 진행형시제를, have+과거분사는 완료형을 만든다. 또 be+과거분사는 수동태를 만든다. do, does, did 조동사는 일반동사의 부정과 의문문을 만드는 데 사용된다. 이밖에도 분위기를 잡는 조동사 can, may, must, will, shall은 추측을 나타내기도 한다. 예를 들면 "He works very hard"라고 하면 실제로 열심히 일하는 것을 나타내는 반면에, "He can work very hard"라고 하면 실제로 일하는 것이 아니라 일할 수 있는 가능성만을 표현한다.

▶ **준동사** : 준동사는 부정사, 동명사 그리고 분사(현재분사와 과거분사)를 말하는데 준동사는 동사를 포함하기 때문에 동사와 같이 취급해야 한다. 즉 준동사에 사용된 동사가 자동사인지 아니면 타동사인지를 구별해서 적절한 형식요소가 따라 나와주어야 한다. 그리고 준동사도 동사의 성질을 갖고 있으므로 준동사의 동작이나 상태를 설명하는 이유, 방법, 시간, 장소의 부사가 나올 수 있다. 동사가 나오면 반드시 자동사, 타동사를 따지고 타동사면 반드시 목적어가 나와야 하며 부사가 나올 수 있다는 것을 기억해두자.

지금까지의 설명은 문장 안에서 주된 요소가 될 수 있는 명사와 동사의 설명이었다. 독자는 이 부분을 확실하게 복습해서 영문법 숲을 기억할 뿐 아니라 지금까지 이야기한 내용으로 영문법 숲을 설명할 수 있어야 한다. 이 영문법 책은 시험을 보기 위해서 필요한 책이 아니다. 이 영문법 책은 영어로 의사소통을 하기 위해서 만들어졌다. 영어로 의사소통을 하기 위해서는 복잡한 영문법을 많이 아는 것보다 아주 기초가 되고 기본이 되는 영문법 핵심을 구구단처럼 확실하게 습관화 해야 한다. 따라서 다음으로 넘어가기 전에 지금까지의 내용을 확실하게 복습한 뒤에 넘어가도록 한다.

다음은 종속적인 요소인 연결어와 수식어에 대해서 살펴본다. 연결어에는 접속사, 관계사 그리고 (전치사+명사)구가 있고 수식어에는 형용사와 부사가 있다.

형용사와 부사는 명사를 공부할 때와 마찬가지로 기능, 단어, 구와 절로 나누어 공부하면 된다. 전체적인 것을 보면 주된 요소는 명사와 동사이며 종속적인 요소는 형용사와 부사로 구성된다. 문장은 주된 요소인 명사와 동사가 전달하고자 하는 생각의 뼈대를 전달하고 형용사는 단어인 명사를 설명하고 부사는 동사하는 이유, 방법, 시간, 장소를 설명하는 구조로 되어 있다.

다음으로 넘어가기 전에 위의 영문법 숲에서 연결어와 수식어를 먼저 살펴보기 바란다.

▶ **접속사** : 접속사에는 등위접속사와 종속접속사가 있다. 원래 접속사는 단어와 단어, 구와 구, 절과 절을 이어주는 역할을 하는 단어를 말한다. 등위접속사는 and, or, but, so, for 등을 말하는데 등위접속사를 공부할 때는 등위접속사가 연결해주는 단어, 구, 절들은 문법적으로 기능이 같아야 한다는 병치법을 주의해야 한다. 종속접속사는 명사절과 부사절을 만드는 단어들을 말하는데 명사절을 만드는 접속사는 that와 if 혹은 whether라는 접속사가 있다. 명사절은 문장 중에서 주어, 목적어, 보어로 사용된다. 부사절을 만드는 접속사에는 이유를 나타내는 because, 양보를 나타내는 although, 조건을 나타내는 if, 때를 나타내는 when, 장소를 나타내는 where, 목적을 나타내는 so that, 그리고 결과를 나타내는 so ~ that 접속사 등이 있다. 부사절은 부사로 작용하며 동사하는 배경을 설명한다. 예외로는 목적을 나타내는 so~ that은 형용사나 부사 등을 수식하기도 한다.

▶ **관계사** : 관계사는 관계대명사와 관계부사를 말한다. 둘 다 형용사절을 만드는 단어이다. 앞에서 접속사가 명사절과 부사절을 만든 반면에 이번에는 관계사가 형용사절을 만든다. 관계대명사절과 관계부사절은 둘 다 형용사절이므로 단어인 명사를 수식한다. 관계대명사절은 [관계대명사+평서문]의 구조를 갖고 관계부사절은 [관계부사+평서문]의 구조를 갖는다. 관계대명사절 혹은 관계부사절은 형용사절로서 이들 바로 앞에 있는 단어인 명사를 수식한다. 관계사절(관계대명사절과 관계부사절의 총칭)이 수식하는 단어인 명사를 선행사라고 한다. 관계대명사와 관계부사절의 차이는 이들이

수식하는 선행사의 종류가 다르다는 점이다. 즉 관계대명사절은 선행사가 사람이나 사물인 명사일 때 사용하고, 관계부사절은 선행사가 이유, 방법, 시간, 장소인 명사일 경우에 사용한다.

▶ **전치사+명사** : 전치사+명사는 전+명구라고 불리는데 전+명구는 문장 안에서 수식어 역할을 한다. 즉 전+명구는 문장 안에서 형용사와 부사의 역할을 한다. 전+명구가 형용사로 작용하는가 아니면 부사로 작용하는가는 전+명구가 형용사가 나올 자리에 있으면 형용사이고, 전+명구가 부사가 나올 자리에 있으면 부사가 된다. 형용사의 자리란 단어인 명사 뒤에 혹은 불완전 자동사의 보어로 사용 되는 것을 말한다. 부사의 위치는 주로 문장 끝이나 문장 앞을 말한다.

다음 영문법 숲을 보면 이제 남은 것은 수식어뿐이다. 수식어는 형용사와 부사를 말하는데 이들을 공부할 때는 명사를 공부할 때와 마찬가지로 4가지, 즉 기능, 단어인 형용사/부사, 구인 형용사/부사, 절인 형용사/부사를 공부하면 된다.

영문법 숲에서 수식어 찾기

영문법 숲에서 보면 알 수 있듯 영어에서 수식어는 형용사와 부사이다.

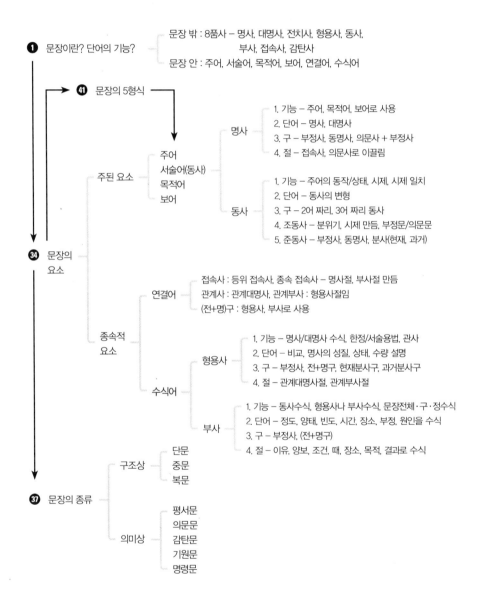

❶ 문장이란? 단어의 기능?
- 문장 밖 : 8품사 – 명사, 대명사, 전치사, 형용사, 동사, 부사, 접속사, 감탄사
- 문장 안 : 주어, 서술어, 목적어, 보어, 연결어, 수식어

㊶ 문장의 5형식

❸❹ 문장의 요소

주된 요소
- 주어
- 서술어(동사)
- 목적어
- 보어

명사
1. 기능 – 주어, 목적어, 보어로 사용
2. 단어 – 명사, 대명사
3. 구 – 부정사, 동명사, 의문사 + 부정사
4. 절 – 접속사, 의문사로 이끌림

동사
1. 기능 – 주어의 동작/상태, 시제, 시제 일치
2. 단어 – 동사의 변형
3. 구 – 2어 짜리, 3어 짜리 동사
4. 조동사 – 분위기, 시제 만들, 부정문/의문문
5. 준동사 – 부정사, 동명사, 분사(현재, 과거)

종속적 요소

연결어
- 접속사 : 등위 접속사, 종속 접속사 – 명사절, 부사절 만듬
- 관계사 : 관계대명사, 관계부사 : 형용사절임
- (전+명)구 : 형용사, 부사로 사용

수식어

형용사
1. 기능 – 명사/대명사 수식, 한정/서술용법, 관사
2. 단어 – 비교, 명사의 성질, 상태, 수량 설명
3. 구 – 부정사, 전+명구, 현재분사구, 과거분사구
4. 절 – 관계대명사절, 관계부사절

부사
1. 기능 – 동사수식, 형용사나 부사수식, 문장전체·구·정수식
2. 단어 – 정도, 양태, 빈도, 시간, 장소, 부정, 원인을 수식
3. 구 – 부정사, (전+명구)
4. 절 – 이유, 양보, 조건, 때, 장소, 목적, 결과로 수식

❸❼ 문장의 종류

구조상
- 단문
- 중문
- 복문

의미상
- 평서문
- 의문문
- 감탄문
- 기원문
- 명령문

▶ **형용사** : 형용사의 기능은 단어인 명사를 설명해준다. 일반적으로 명사구나 명사절은 형용사가 수식하지 않는다. 그 이유는 단어인 명사는 사람이나 사물의 이름이어서 주로 손으로 만질 수 있는 개체인 반면에 명사구는 동사하는 것의 추상적인 이름이고 명사절은 어떤 사건 혹은 이야기의 추상적인 이름이기 때문에 실체가 없다. 실체가 없다는 것은 손으로 만질 수도 볼 수도 없기 때문에 빨간, 노란, 큰, 뚱뚱한, 예쁜 등의 형용사로 수식할 수가 없게 된다. 형용사는 단어, 구, 절이 있는데 형용사 단어는 명사 단어 앞 혹은 뒤에서 수식한다. 이처럼 명사 앞뒤에서 수식하는 것을 형용사의 한정적 용법이라고 한다. 또는 주어나 목적어의 보어로 형용사가 사용되기도 하는데 이것을 서술적 용법이라고 한다. 서술적 용법은 2형식과 5형식에서 사용된다. 단어인 형용사는 주로 명사의 성질과 상태 그리고 수량을 설명한다.

❶ 단어인 형용사에는 비교라는 것이 있는데 어떤 명사의 성질이나 상태를 설명할 때 아는 뭔가와 비교해서 설명하면 쉽게 이해가 되기 때문이다. 그래서 단어인 형용사에는 원급, 비교급 그리고 최상급이 있다. 형용사 원급은 우리가 사전에서 보는 단어인 형용사를 말하며 주로 비교급은 원급+er, 최상급은 원급+est 로 만든다. 비교급과 최상급에 more나 most를 붙여 만드는 경우도 있다.

❷ 형용사 단어에는 한정사라고 하는 것이 있는데 이것은 관사(a, the), 소유격(my), 지시어(this) 와 부정수량형용사(some) 등이 있다. 이들은 뒤에 나오는 단어인 명사의 의미를 위에 열거한 4가지로 제한한다고 하여 한정사라고 부른다. 한정사가 없으면 명사가 의미하는 바는 세상에 있는 모든 명사가 가리키는 사람이나 사물을 의미할 수 있기 때문에 단어인 명사를 사용할 때는 한정사를 적절하게 사용해야 한다. 'I ate apple last night'이라고 하면 '어제 밤에 (세상에 있는 모든) 사과를 먹었어'라는 의미로 들릴 수 있어서 곤란하다. 따라서 사과 앞에 '한 개의 사과'라는 의미의 관사 an을 넣어 'I ate an apple last night '이라고 해야 확실한 의미가 정확하게 전달된다.

❸ 형용사구에는 4가지가 있는데 부정사, 전+명구, 현재분사구, 과거분사구가 있다. 부정사는 형용사구로 사용되면 앞에 나오는 명사가 앞으로 어떻게 될 것을 표현한다. 예를 들면 books to read 는 읽어야 할 책이다. 전+명구는 명사의 위치나 방법 수단을 표현한다. 즉 man with a newspaper 는 신문을 가지고 있는 사람을 표현하며, the book on the table은 책상 위에 있는 책을 표현한다. 현재분사구가 형용사로 사용되면 명사가 능동적 혹은 진행중인 것을 표현한다. 예를 들면 the man reading a newspaper는 신문을 읽고 있는 남자를 표현한다. 과거분사는 수동적 혹은 완료가 된 것을 표현한다. 즉 'The church built in 1290'은 1290년에 지어진 교회라는 뜻이다.

❹ 형용사절은 관계대명사절과 관계부사절을 말하는데 단어인 명사에 관한 어떤 이야기를 표현하는 것이다. 예를 들면 여기 한 권의 책이 있다 하자. 그런데 이 책은 홍길동이 나에게 준 책이라고 한다면 홍길동이 나에게 주었다는 것은 책이라는 단어인 명사에 관련된 이야기이다. 그런 것을 관계대명사절로 표현할 수 있다. 홍길동이 나에게 준 책은 'The book which 홍길동 gave to me'라고 표현할 수 있다. 관계대명사절과 관계부사절의 차이는 수식하는 단어인 명사가 사람과 사물이면 관계대명사절을 사용하고, 이유, 방법, 시간, 장소이면 관계부사절을 사용한다. 이유인 경우를 생각해보자. 내가 이 청구서를 아직 지불하지 않은 이유라면 'The reason why I didn't pay the bill yet'이라는 관계부사 표현이 될 것이다.

❺ 형용사는 단어인 형용사, 구인 형용사, 절인 형용사가 있는데 이 모든 형용사가 단어인 명사를 수식한다는 것을 잊지 않아야 한다. 단어인 형용사는 명사 앞에 위치하고 형용사구나 형용사절은 단어인 명사 뒤에 놓인다. 이런 형용사 용법을 한정적 용법이라고 한다. 형용사가 2형식에서 보어로 혹은 5형식에서 목적보어로 사용되는 경우를 서술적 용법이라고 한다.

▶ **부사** : 부사의 기능은 주로 3가지가 있다. 가장 많이 사용되는 것이 동사를 수식한다. 부사가 동사를 수식한다는 것은 동사하는 이유, 방법, 시간, 장소를 설명하는 것을 말한다. 즉 동사한다는 말은 일반적으로 동작한다는 말인데 동작을 하면 동작하는 이유, 방법, 시간, 장소 등이 있을 것이다. 그런 것을 설명하지 않으면 듣는 사람이 궁금하게 된다. 부사는 동사 이외에도 형용사와 부사를 수식한다. 이런 부사를 정도부사라고 하며 very가 대표적인 정도부사이다. 동사와 형용사, 부사 그리고 문장 전체를 수식하기도 하고 구와 절을 수식하기도 한다.

❶ 단어 부사 : 부사의 종류는 단어인 부사와 구인 부사 그리고 절인 부사가 있다. 단어 부사는 정도, 양태, 빈도, 시간, 장소, 부정, 원인 등을 나타내는 것이 있다.

❷ 부사구 : 명사와 형용사와 마찬가지로 부사구와 부사절은 우리가 만들어 사용해야 한다. 부사구는 3가지가 있다. 부정사와 전+명구 그리고 분사구문이다. 부정사가 부사로 사용되면 이유, 양보, 조건, 목적 그리고 결과라는 의미로 사용된다. 특히 부정사가 부사로 사용되면 '~ 하기 위해서'라는 목

적으로 많이 사용된다. 예를 들면, "샘은 그의 식구들을 만나기 위해서 미국에 갔다"는 문장에서 '그의 식구들을 만나기 위해서'는 목적이다. 이런 표현은 부정사로 표현해서 to see his family가 된다. 전+명구는 부사구로 사용되기도 한다. 부사구로서 전+명구는 구체적인 시간과 장소를 나타낸다. 영어에서 일반적인 시간과 장소는 주로 전+명구에 의해서 표현된다. "나는 그녀를 공원에서 만났다"라는 표현에서 '공원에서'라는 것은 in the park라고 전+명구로 표현한다. 분사구문은 부사절을 부사구로 만든 것을 말하는데 이처럼 절을 구로 만드는 이유는 길게 말하지 않고도 같은 뜻을 나타낼 수있을 때 언어의 경제성에 의해서 줄여 말하기 때문이다. 분사구문을 만드는 방법은 부사절+주절과같은 복문에서 부사절의 접속사를 삭제하고 종속절과 주절의 주어가 같으면 생략하고 동사를 현재분사로 만드는 것을 말한다. 예를 들면 다음과 같다.

As I walked along the street, I saw so many people dancing for some reason.
– 접속사를 생략 (As 생략)
– 주어 I 가 주절과 종속절에서 같으니까 생략 (I 생략)
– 동사를 현재분사로 (walked → walking)
Walking along the street, I saw so many people dancing for some reason.
이와 같이 부사절을 분사구문으로 변경시킬 수 있다.

❸ 부사절 : 부사절은 '접속사+평서문'이다. 부사절을 만드는 대표적인 접속사 종류는 7가지 정도가있다. 이유, 양보, 조건, 때, 장소, 목적, 결과가 그것으로 쉽게 기억하기 위해서 "이양이 사건을 조사할 때 장소, 목적, 결과를 알려주세요"라고 기억해두면 된다.
부사절을 만들려면 어떤 평서문 앞에 위에 7가지 종류의 접속사 중에 하나를 골라 앞에 놓으면 부사절이 된다. 예를 들면 'I like her'라는 평서문이 있다. 이 문장을 부사절로 만들려면 그앞에 부사절을 만드는 접속사, 가령 because를 놓으면 된다. 'Because I like her'는 부사절이다. 부사절은 부사의 일종이므로 부사가 하는 일 즉 이유, 방법, 시간, 장소를 설명하는 일을 한다. 'Because I like her'는 이유를 나타낸다. "내가 그녀를 좋아하기 때문이다"라는 의미를 표현한다. 이외에도 부사는 여러 가지 종류가 있지만 중요한 7가지 종류에 대해서 먼저 공부하고 나중에 나머지를 공부하도록 한다.

02

영문법 정복 2단계

구구단보다 쉽다!
30개만 외우자

영문법 기본 용어 30 체크리스트

2장에서는 앞에서 말한 내용을 확장해서 설명한다. 펼침면의 왼쪽에 있는 내용은 우리가 영문법 30 항목을 다루면서 반드시 알고 있어야 할 것을 정리한 것이고, 오른쪽에 있는 내용은 왼쪽의 문법적 강조 사항이 적용된 문장들을 제시한 것이다.

문장

사람의 생각을 다른 사람에게 전하기 위해서 일정한 법칙 아래 단어, 구, 절을 나열한 것.

여기서 일정한 법칙이란 영문법을 말한다. 따라서 영문법을 모르면 영어를 할 수 없다. 어느 정도의 영문법을 말하나? 회화를 하기 위해서나 수능을 하기 위해서나 중3 정도의 문법은 완전히 숙달해야 한다.

이 책에서 강조하는 것은 영어로 의사를 소통할 수 있는 실용적인 스피킹을 위한 영문법 습관이다. 영문법을 책을 안 보고 다른 사람에게 설명할 수 없다면 혹은 자신의 영문법 책을 다른 책을 안 보고 쓸 수 없다면 아직 영어를 잘할 수 있는 준비가 되어 있지 않은 것이다. 문장에 관해서는 다음과 같은 것만 먼저 기억하자. 앞서 공부한 바 있는 영문법 숲을 연상하면서 다음을 문장이라는 제목 아래 기억한다.

문장의 정의 : 생각의 표현. 위의 정의 참고

문장의 요소 : 주된 요소 - 주어, 서술어, 목적어, 보어 / 종속적 요소 - 연결어, 수식어

문장의 종류 : 평서문, 의문문, 감탄문, 기원문, 명령문

문장의 5형식

1형식 : 주어 + 동사   **2형식** : 주어 + 동사 + 보어

3형식 : 주어 + 동사 + 목적어   **4형식** : 주어 + 동사 + 간목 + 직목

5형식 : 주어 + 동사 + 목적어 + 목적보어

문장 안의 단어의 기능 : 주어, 서술어, 목적어, 보어, 연결어, 수식어

문장 밖의 단어의 기능 : 8품사(명사, 대명사, 형용사, 전치사, 동사, 부사, 접사, 감탄사)

Once you see all those animals, you should feel better. (문장)

I had two apples this morning. (문장의 요소)

I have a brother and he is a famous doctor. (문장의 요소)

I need to fix my car as soon as possible. (문장의 종류)

Did you finish your tax yet? (문장의 종류)

Are you free this afternoon? (문장의 종류)

Where did you go last night? (문장의 종류)

What a beautiful day it is! (문장의 종류)

How sweet it is! (문장의 종류)

May he return safely. (문장의 종류)

Don't touch the channel. (문장의 종류)

Be a man! (문장의 종류)

Let my people go! (문장의 종류)

Let's pray! (문장의 종류)

Spring came. (1형식)

You are a good man. (2형식)

I like her. (3형식)

She gave me this book. (4형식)

He made me sell my computer. (5형식)

There is a document from John's office.

He likes her very much, but she hates him.

This is a sad movie.

Sad movies make me cry.

Sam likes Michelle very much.

Oh my gosh! What a mess!

명사

사람이나 사물의 이름.

명사에는 단어인 명사, 명사구, 명사절이 있다. 명사구와 명사절은 우리가 만들어 사용한다. 구와 절을 공부할 때는 다음의 세 가지—종류가 몇 개? 어떻게 만드나? 언제 사용하나?—를 반드시 알아둘 것.

명사는 문장에서 주어, 목적어, 보어 등으로 사용된다. 우리가 이야기할 때 가장 많이 사용하는 품사가 명사이다. 주변에 보이는 모든 것이 명사이기 때문이다.

이 내용을 영문법 숲에 연관을 시켜 기억한다. 명사를 생각하면 다음의 항목이 구구단처럼 나오도록 한다. 그것이 되면 영문법이 습관화되는 것이며 영어를 할 때 문법이 묻어 나와 영어를 잘하게 되는 것이다.

기능 : 문장 중에서 주어, 목적어, 보어로 사용된다.

종류 : 단어, 구, 절 (구와 절은 각 해당 항목에서 자세히 살핀다.)

단어 명사 : 단어 명사는 사람이나 사물의 이름

명사구 : 주로 동작이나 상태에 붙여지는 이름

명사절 : 주로 이야기 혹은 사건에 붙여지는 이름

단어인 명사의 종류

가산명사 – 보통명사, 집합명사   **불가산명사** – 고유명사, 추상명사, 물질명사

가산명사일 때 복수 만드는 방법 : 규칙적인 방법 / 불규칙적인 방법

명사의 소유격 : 생물의 소유격 / 무생물의 소유격

This computer had no hard disk. (기능)

Michelle likes apples very much. (기능)

He is my younger brother. (기능)

I like apples. (단어 명사)

I like to go there. (명사구)

I saw that he broke the window. (명사절)

I have two computers. (가산명사)

My family is coming for Christmas. (가산명사)

Can I have some water? (불가산명사)

Sam went to Boston last night. (고유명사)

Love covers over all wrongs. (추상명사)

I'd like have a cup of coffee. (물질명사)

I have a book. (가산명사 – 단수 – 규칙적)

I have two books. (가산명사 – 복수 – 규칙적)

He broke a dish last night. (가산명사 – 단수 – 규칙적)

He broke two dishes last night. (가산명사 – 복수 – 규칙적)

There is a man at the door. (가산명사 – 단수 – 불규칙적)

There are two men at the door. (가산명사 – 복수 – 불규칙적)

I have a child. (가산명사 – 단수 – 불규칙적)

I have two children. (가산명사 – 복수 – 불규칙적)

He drinks like a fish. (가산명사 – 단수 – 불규칙적)

Fish are good for your health. (가산명사 – 단수 – 불규칙적)

This is Michelle's computer. (명사의 소유격 – 생물)

The lock of this door is broken. (명사의 소유격 – 무생물)

대명사

명사를 대신해서 사용하는 단어. '부관의인지'로 기억하면 좋은데 그 의미는 부정, 관계, 의문, 인칭, 지시대명사이다.

원어민들은 특별한 경우가 아니면 앞에 나오는 단어를 반복해서 쓰기를 싫어 한다. 특히 명사가 나오면 그 다음에 같은 명사가 나올 때 대명사를 사용한다.

여러 개의 대명사 중에서 특히 인칭대명사는 회화에 많이 사용하므로 잘 알아두어야 한다.

기능 : 대명사는 문장 중에서 주어, 목적어, 보어로 사용

종류 : 부관의인지로 기억

부정대명사 : 정해지지 않은 사람이나 사물을 지칭하는 대명사

관계대명사 : 형용사절을 만드는 대명사

의문대명사 : 사람이나 사물을 질문할 때 사용하는 대명사

인칭대명사 : 특히 사람을 지칭할 때 사용하는 대명사

지시대명사 : 물건이나 사람을 지칭할 때 사용하는 대명사

인칭대명사 주의 사항

인칭, 수, 격, 소유대명사, 재귀대명사를 알아야 한다.

인칭 - 1,2,3인칭

인칭대명사 - 수 - 단수, 복수

인칭대명사 - 격 - 주격, 소유격, 목적격

인칭대명사 - 소유대명사 = 소유격 + 명사

인칭대명사 - 재귀대명사 - 한 문장에서 주어가 목적어로 나올 때

Sam likes her so much. (기능)

He likes her so much. (기능)

You should keep your promise. (부정대명사)

One should keep one's promise. (부정대명사)

This is the book which I bought yesterday. (관계대명사)

This is the man who broke the window. (관계대명사)

I don't know why I did that. (의문대명사)

Why did I do that? (의문대명사)

I don't know what I said to you. (의문대명사)

What did I say to her? (의문대명사)

I like apples. (인칭대명사)

You don't like cheesecake. (인칭대명사)

She loves cheesecake. (인칭대명사)

This is my life. (지시대명사)

That is your room. (지시대명사)

Who is it? It's me, Sam. (지시대명사)

I hate to get up early in the morning. (인칭대명사)

She hates to get up early in the morning. (인칭대명사)

We hate to get up early in the morning. (인칭대명사)

I don't know where is my car. (인칭대명사)

I don't know him well. (인칭대명사)

I don't like his dog. (인칭대명사)

This is my dog. (지시대명사)

This is mine. (인칭대명사—소유대명사)

She looks at herself in the mirror. (인칭대명사—재귀대명사)

관사

관사는 a, the와 같은 단어를 말한다. 관사는 한정사의 일종인데, 한정사는 다시 형용사의 일종이다. 관사가 나오면 반드시 그 뒤에 단어인 명사가 나온다. 단어인 명사가 나오면 단어인 명사 앞뒤로 형용사가 나온다.

기능 : 뒤에 나오는 단어인 명사가 한 개로 집어서 말할 수 있을 때 the(정관사)를 사용하고 그렇지 않고 일반적인 경우에는 명사 앞에 a(부정관사)를 붙인다.

종류

정관사 the : 뒤에 나오는 단어를 한 개로 지적할 수 있을 때 사용한다.

부정관사 a, an : 뒤에 나오는 단어가 한 개로 지적할 수 없는 일반적인 명사일 때 앞에 부정관사를 붙인다.

발음

정관사는 뒤에 나오는 단어가 모음으로 발음되면 '디'라고 발음하고 그 외에는 '더'라고 발음한다.

부정관사는 a, an이 있는데 모음으로 발음이 되는 단어 앞에서는 an으로 쓰고 발음한다.

한정사의 종류 : 관사, 명사의 소유격, 지시어, 부정수량형용사

관사 사용의 여러 가지 경우

부정관사를 사용하는 경우 : POKSAC

정관사를 사용하는 하는 경우 : 나를 아는 최상의 유형

정관사를 붙이지 않는 경우 : 운동 경기 할 때, 식사 이름 앞에

정관사를 붙이는 경우 : 강 이름, 연합이 된 나라 이름

그외 나머지 복잡한 관사에 관한 문법은 나중으로 미룬다.

I have a computer. (기능)

There is a car at the front yard. (부정관사)

I have to get rid of the car after dinner. (정관사)

She gave me an apple the other day. (부정관사)

You have a nice office. (부정관사)

He is an honest man. (부정관사)

This is a useful tip for everybody. (부정관사)

This is the book that I was talking about. (정관사)

The office was closed when I got there. (정관사)

This is not a problem. (한정사 – 관사)

This is your problem. (한정사 – 소유격)

This problem is not easy to solve. (한정사 – 지시어)

I have some money with me. (한정사 – 부정수량형용사)

Per-I play tennis twice a week. (부정관사)

One-There are 7 days in a week. (부정관사)

the Same-Birds of a feather flock together. (부정관사)

a Certain-A stranger was here to see you. (부정관사)

I have a book. The book is very interesting. (정관사 – 나)

She went the store. (정관사 – 아는)

She is the smartest girl in our school. (정관사 – 최상급)

The moon goes around the earth in 27.3 days. (정관사 – 유일한)

The rich are not always happy. (정관사 – 형용사)

She play tennis once a week. (정관사 안 붙임)

I have breakfast 10 o'clock this morning. (정관사 안 붙임)

The river Han flows through Seoul. (정관사 붙임)

I've been to the US twice. (정관사 붙임)

형용사

명사의 성질, 상태, 수량 등을 표시해주는 단어. 형용사에는 단어, 구, 절이 있다. (형부명이 다 단어, 구, 절이 있고 구와 절은 우리가 만들어 사용한다.)

형용사는 없어도 문장이 성립하지만 형용사를 안 사용하면 명사의 성질, 상태, 수량을 표현할 수 없어서 문장이 밋밋해진다. 영어를 잘하려면 종속적인 요소 즉 형용사와 부사 등을 잘 사용할 줄 알아야 한다.

관사가 나오면 그 뒤에는 반드시 단어인 명사가 나오며, 그 단어인 명사 앞 뒤로 형용사가 나올 수 있다. 단어인 형용사는 명사 앞에(전치 수식), 형용사구 와 절은 명사 뒤에(후치 수식) 놓는다.

기능 : 단어인 명사의 성질, 상태, 수량과 기타 상황을 설명

수량 형용사 : 서수 / 기수 / 부정수량

       날짜 표현하는 법

       시간 표현하는 법

       돈 표현 방법

용법

한정적 용법

서술적 용법 − 2형식과 5형식의 보어

비교 : 수식하는 내용을 아는 것에 비교해서 표현함

       단어인 형용사는 원급, 비교급, 최상급 있음

       형용사구는 4가지 정도 사용, 형용사절은 2가지 사용

해석 : ∼할, ∼는 주로 자음의 토씨를 갖는다.

I had two apples this morning. (기능)

I saw a white cat this afternoon. (기능)

Write with a black pen. (성질)

There is a bathroom on the third floor. (서수)

If you buy five apples, I will give you one free. (기수)

It is 10:30. (시간)

It's Monday. (날짜)

It's the second of March. (날짜)

John was born in 1986. (년)

It costs me 300 dollars to fix my bike (돈)

Michelle is a pretty girl. (한정적 용법)

I am busy now. (서술적 용법)

She is as beautiful as your sister. (비교-원급)

John is stronger than Jimmy. (비교-비교급)

She is the tallest girl in our class. (비교-최상급)

I am happiest when I am with you. (비교-최상급)

She runs fast. (비교-원급)

John is faster than me. (비교-비교급)

She works hardest in the shop. (비교-비교급)

I'd like to have the red one. (전치 수식)

The book on the table is John's. (후치 수식)

I have nothing to do. (후치 수식)

The computer that you gave me works well. (후치 수식)

부사

부사는 주로 동사의 이유, 방법, 시간, 장소 등을 설명해주는 단어, 구, 절을 말한다.

부사구와 부사절은 우리가 만들어 사용하는 것인데 종류, 만드는 법, 언제 사용하는지 등을 나중에 구와 절을 공부하면서 익힐 것이다.

영어에서 명사와 동사의 위치는 엄격하게 정해져 있으나 부사의 위치는 비교적 느슨한 편이다. 그래서 'FME'라고 했다.

기능 : 동사하는 이유, 방법, 시간, 장소를 설명한다.

　　　형용사나 다른 부사의 정도를 설명한다.

　　　문장 전체, 구, 절의 분위기를 설명한다.

종류 : **단어 부사** −정양이 빌린 시장에 부정한 원인 있다.

　　　　　　　−일반적으로 단어 형용사+ly를 붙임

부사의 위치 : FME(Front, Middle, End)

　　　　　　동사를 수식하는 경우는 주로 동사 뒤에

　　　　　　형용사나 부사를 수식하는 경우는 수식하는 단어 앞에

　　　　　　문장 전체를 수식하는 경우는 주로 문장 앞이나 뒤에

　　　　　　구를 수식하는 경우는 주로 수식어 앞에

　　　　　　절을 수식하는 경우는 주로 수식어 앞에

비교 : 원급, 비교급, 최상급

해석 : 주로 모음 토씨. ㅔ,ㅗ,ㅣ 등

　　　부사구는 3가지 정도 사용되며, 부사절은 7가지 정도 있다.

I went there with John last night. (기능)

I came here to see you. (기능)

I went to Bussan by bus. (기능)

Michelle is very pretty. (기능)

This problem is too difficult for me. (기능)

Fortunately she didn't take that bus. (기능)

She died soon after the doctor arrived. (기능)

She got in there exactly at 9 o'clock. (기능)

I often go there with John. (종류)

I pushed the door gently. (종류)

I never say that again. (종류)

He is a gentle father to his kids. (부사구)

At that moment I had no money with me. (부사의 위치)

I really loved her with all my heart.(부사의 위치)

I finished my project yesterday. (동사를 수식)

She is not young enough to go to school. (형용사를 수식)

She works very hard to pass the exam. (부사를 수식)

John can run as fast as I can. (비교-원급)

John runs faster than me. (비교-비교급)

John is fastest in my school. (비교-최상급)

He lives happily ever after. (해석)

I go to church on Sunday. (해석)

I opened the door quietly. (해석)

I went there to see my boyfriend. (부사구)

My house is on the hill over there. (부사구)

I like her so much because she is nice to me. (부사절)

동사

동사는 문장 중에서 주어의 동작이나 상태를 설명하는 단어이다. 동사에는 자동사와 타동사가 있고 동사의 동작이나 상태의 시간적인 정보를 포함한다.

동사를 보면 무조건 자동사와 타동사를 구분해야 한다. 그 이유는 영어에서는 타동사이면 그 뒤에 명사가 나와야 하기 때문이다. 동사 뒤에 무엇이 나와야 하는지는 5형식에 의해서 결정된다. 또 동사가 나오면 부사가 동사가 하는 동작이나 상태의 이유, 방법, 시간, 장소를 설명하기 위해서 나올 수 있다는 것을 습관적으로 인식하는 것이 중요하다.

기능 : 주어의 동작이나 상태를 설명
     주어의 동작이나 상태의 시간적 정보 내포
     자동사면 목적어를 취하지 않고, 타동사면 반드시 목적어를 취한다.
동사에 따라 구분 : 5형식
동사의 시제 : 12개
          2개 시제 + 조동사의 도움으로 10개의 시제
          진행형과 완료형
          be동사와 일반동사
          상태동사와 동작동사
동사구
자동사구 / 타동사구
동사의 해석 : 5형식에 따라서

I have two sisters and both of them are sick. (기능)

She is a lawyer. (기능)

I am very tired. (기능)

I used to be an engineer. (기능)

I saw you over there this morning. (기능)

I had two apples this morning. (기능)

John worked very hard to make money. (1형식)

She is my girlfriend. (2형식)

I made this book-shelf by myself. (3형식)

She gave me an interesting book. (4형식)

I asked my brother to turn the radio down a bit. (5형식)

I like her very much. (2시제-현재)

I liked her so much when I was in high school. (2시제-과거)

You will like her soon. (10시제-미래)

I am working on a project. (10시제-진행형)

I have just finished writing a book. (10시제-완료형)

I am happy. (be동사)

He is my father. (be동사)

I saw the movie. (일반동사)

I asked her a question. (일반동사)

They laughed at her. (동사구-자동사구)

I will take care of her. (동사구-티동사구)

There is something in there. (동사의 해석)

She is my teacher. (동사의 해석)

I will do my best to solve this problem. (동사의 해석)

조동사

조동사는 동사를 돕는 단어로 동사의 분위기, 동사의 시제, 동사의 부정과 의문을 만들도록 돕는 역할을 한다. 조동사는 홀로 사용되지 않으며 동사 앞에 위치하여 위에 나열한 일을 한다. 그래서 조동사는 연이어 사용하지 않고 동사의 시제를 조동사가 나타내며 조동사 뒤에는 동사 원형이 온다.

기능 : 동사의 분위기를 말해 준다.

동사의 시제를 표현한다.

동사의 부정과 의문을 나타낸다.

조동사의 여러 활용

분위기 조동사 : can, may, must, will, shall

미래를 나타내는 조동사 : will, shall

진행시제를 만드는 조동사 : be

완료시제를 만드는 조동사 : have

수동태를 만드는 조동사 : be

부정문과 의문문을 만드는 조동사 : do, does, did

분위기 조동사는 연이어 사용하지 않으며, 또한 분위기 조동사는 추측의 의미를 포함한다.

조동사의 대용품

can → be able to

must → have to

알아두어야 할 조동사

would 조동사 / should 조동사

must have done 식의 조동사 / should have done 식의 조동사

I really must go now. (의무)

I will see you later. (의지 미래)

You shall see the result. (단순 미래)

You may go wherever you want to go. (허락)

I like her very much. (긍정 평서문)

I don't like her that much. (부정 조동사)

Do you like apples? (의문조동사)

I can't understand your mother. (조동사 문장의 부정)

You may go home early today. (허락)

You must come here by 8. (의무)

I will see what I can do. (의지 미래)

You shall regret this. (주어의 의지)

She is reading a book now. (진행형 조동사)

I have finished writing my second book. (완료 조동사)

She is loved by me. (수동태 조동사)

She doesn't work here anymore. (부정 조동사)

I will be able to help you on Monday. (의지 미래)

You don't have to come here for that. (부정 조동사)

Can it be true? (부정 추측)

It may not be true. (불확실 추측)

He must be Sam. (강한 추측)

He will be Sam's brother.(일반 추측)

I would do anything for you. (강한 의지)

I wouldn't do that for money. (강한 고집)

You should feel better. (권유)

You should have called your father. (조동사+완료)

He must have fallen from the roof. (조동사+완료)

시제

시제는 동사가 주어의 동작이나 상태를 나타낼 때, 주어의 동작이나 상태의 시간적 정보를 의미하며 영어 동사의 시제는 일반적으로 12시제로 나눌 수 있다.

12시제 중에서 현재와 과거 두 시제는 동사 자체가 나타내며, 나머지 10시제는 조동사의 도움을 받아 나타낸다.

기능 : 주어의 동작이나 상태가 일어나는 시간적 정보 12개

현재와 과거는 동사 자체가

10개 시제는 조동사의 도움으로

진행형 시제 : 시작이 되었으나 끝나지 않은 상태

be＋현재분사로

완료시제 : 완결경계(완료, 결과, 경험, 계속의 뜻)

완료의 계속은 주로 상태의 계속을 뜻하고

have＋과거분사로

완료진행형 : 동작의 계속 상태

have＋been＋과거분사로

I wake up 5 o'clock in the morning. (현재)

I worked 10 hours yesterday.(과거)

I will work 7 hours tomorrow.(미래)

I am working now.(현재진행)

I was working when you called me yesterday.(과거진행)

I will be working tomorrow again.(미래진행)

I have worked for 10 hours.(현재완료)

I had waited for you 2 hours when you called me.(과거완료)

He has been drinking beers for 24 hours. (현재완료진행)

It will have been raining for 7 days by tomorrow.(미래완료진행)

어떤 동작이 시작이 되었으나 아직 끝나지 않은 상태에 있을 때 진행형시제를 사용한다. 따라서 어떤 동작이나 상태가 시작은 분명하지만 끝이 불분명할 때는 진행형을 사용하지 않는다. 주로 이런 동사들은 현재형의 의미가 진행의 뜻이 있기 때문에 진행형으로 사용할 필요가 없다. 진행형에는 단순진행형과 완료진행형이 있다.

기능 : 동작이 시작이 되었으나 끝나지 않은 상태에 있을 때

진행형 만들기 : b+현재 분사

현재분사 만들기 : 동사원형+~ing를 붙임

　　　　　　진행형의 시제는 be동사의 시제에 따라 현재, 과거, 미래진행형

　　　　　　진행형으로 쓰지 않는 경우는 주로 상태 동사(소,지,인,감,상)

　　　　　　*소유, 지각, 인지, 감정, 상태

　　　　　　*예외적인 예-have 동사

완료진행형의 의미 : 동작의 계속

완료진행형 만들기 : have+been+~ing

완료진행형의 시제

현재완료진행형 : have+been+~ing

과거완료진행형 : had+been+~ing

미래완료진행형 : will have+been+~ing

I teach English. (기능)

I am teaching English now. (기능)

work—working, hope—hoping, study—studying (기능)

I am writing a book. (현재진행형)

I was writing a book. (과거진행형)

I will be writing a book. (미래진행형)

(×) I am having a computer. (잘못된 사례—진행형 안 씀—소유)

(×) I am seeing her now. (잘못된 사례—진행형 안 씀—지각)

(×) I am knowing her. (잘못된 사례—진행형 안 씀—인지)

(×) I am interesting in history. (잘못된 사례—진행형 안 씀—감정)

(×) She is resembling her mother. (잘못된 사례—진행형 안 씀—상태)

I am having dinner now. (예외적인 경우)

I have been writing a book for a month. (현재 완료진행형)

I had been writing a book when you called me. (과거 완료진행형)

I will have been writing a book next year this time. (미래완료진행형)

문장의 요소

문장의 요소는 문장 중에서 문장을 만드는 데 필요한 주어, 서술어, 목적어,
보어를 주된 요소라고 하고 그 외에 연결어와 수식어를 종속적인 요소로 본
다. 일반적으로 주된 요소는 명사와 동사로 이루어지며 종속적인 요소는 크
게 보아 형용사와 부사로 이루어지는데 형용사는 명사에 종속되며, 부사는
동사에 종속되는 것으로 보면 된다.

주된 요소

주어 – 명사, 명사구, 명사절

서술어 – 서술어, 동사구

목적어 – 명사, 명사구, 명사절

보어 – 명사, 명사고, 명사절, 형용사, 형용사구

종속적 요소

등위접속사 : and, or, but, so, for

종속접속사 명사절 : that, if, whether

종속접속사 부사절 : 이,양,조,때,장소,목적,결과

관계사 : 관계대명사, 관계부사

전+명구 : 형용사나 부사로 사용

형용사 : 단어, 구, 절

부사 : 단어, 구, 절

Time doesn't wait anyone. (주요소)

To master English within a month is not easy. (주요소)

It is not true that John stole the money. (주요소)

She likes you. (주요소)

I will take care of your cat as long as you want. (주요소)

I will send you a copy of this book. (주요소)

I need to see your passport. (주요소)

He said that he was not hungry. (주요소)

John is a student. (주요소)

John's father is a doctor. (주요소)

John is very sick now. (주요소)

John likes her very much, but she hates him. (접속사)

I have two sisters and both of them are sick. (접속사)

Study hard or you will fail the exam. (접속사)

I didn't know that he was a cop. (명사절)

I wonder if she can get home by 6. (명사절)

Do you know whether or not John went there by himself? (명사절)

Once you see all those animals, you should feel better. (조건)

I don't like her because she complains about everything. (이유)

I had to save a lot of money so that I could buy the house. (목적)

Mr. Jung was so happy that he bought everybody a drink. (결과)

The computer that you gave me doesn't work anymore. (관대)

This is the store where I sold 45 computers yesterday. (관부)

The cell phone in the window display is very expensive one. (전+명구)

John went to Boston to see Michelle last night. (부정사)

He has nothing to lose now. (부정사)

문장의 종류

사람의 생각과 아이디어 혹은 감정 상태를 다른 사람에게 전달하는 방법에는 여러 가지가 있다. 이 문장들의 구조를 분석해보면 구조적으로는 단문, 중문, 복문이 있고 의미상으로는 평서문, 의문문, 감탄문, 기원문, 명령문 등이 있다.

기능

구조상 단문 : 주어+동사가 한 개 있는 문장

구조상 중문 : 단문과 단문을 등위접속사로 연결한 문장

구조상 복문 : 문장 안에 절이 있는 문장

의미상 평서문 : 주어의 동작이나 상태를 서술

의미상 의문문 : 주어의 동작이나 상태를 질문

의미상 감탄문 : 명사, 형용사나 부사를 감탄하는 문장

의미상 기원문 : 신께 원하는 바를 기원하는 문장

의미상 명령문 : 앞으로 바라는 바를 요구 하는 문장

평서문

5형식은 평서문의 단어 배열을 지시한다.

평서문 부정 : be , 조동사의 경우+not

평서문 부정 : 일반동사, do, does, did+not

명령문

직접명령문 : 동사원형+문장요소

간접명령문 : Let+문장요소, Let's+문장요소

감탄문 : 명사 감탄 what a ~!

　　　　형용사나 부사 감탄 How ~ !

의문문

일반의문문 : 의문사가 없는 의문문

be, 조동사 문장은 be, 조동사를 주어 앞으로 도치

일반동사는 do, does, did를 주어 앞으로 도치, 동원

특수의문문 : 의문사가 있는 의문문-6하 원칙을 질문

간접의문문 : 의문문이 명사절이 되어 다른 문장의 일부가 됨

I want to see that movie with you. (단문)

I wanted to buy that car, but I had no money. (중문)

I asked him if he knew what happened to her. (복문)

I made John call his father yesterday. (평서문)

Do you still love me? (의문문)

What a sad ending! (감탄문)

May he return home safely. (기원문)

Don't tell me what to do. (명령문)

There is nothing to eat. (1형식)

You are my sunshine. (2형식)

No one likes her anymore. (3형식)

Don't ask me anything. (4형식)

I saw her walking with John. (5형식)

I am not a fool. (부정)

You may not like what I am trying to say. (조동사)

do : I do not like cheese that much. (부정)

does : She does not work here anymore. (부정)

did : I didn't say that to her. (부정)

Are you a doctor? (의문)

Can you speak English? (의문)

Do you want to see that movie? (의문)

Does she come here often? (의문)

Did I say that? (의문)

Where did you park your car? (특수)

I wonder why she went there last night. (간접의문문)

Study hard or you will fail the exam. (직접명령)

What a beautiful story that is! (감탄문)

문장의 5형식

문장의 5형식은 평서문을 만들 때 단어를 나열하는 방법을 말한다. 평서문은 주어, 서술어, 목적어, 보어를 5개의 방법으로 나열해서 생각을 전달한다. 문장의 5형식은 품사로 보면 주어, 목적어, 보어가 주로 명사이고 서술어는 동사이기 때문에 명사와 동사로 5형식을 만든다고 볼 수 있다.

기능 : 평서문을 만드는 단어 배열의 규칙

1형식 : 주어의 간단한 동작

      주어가 있다, 없다를 표현

2형식 : 주어의 직업, 주어의 신분, 주어의 상태

      2형식은 주어＝보어

3형식 : 목적어를 필요로 하는 주어의 동작

      목적어에 대한 주어의 심적인 상태

      주거나 받거나 할 때

4형식 : 무조건 목적어에게 목적어를 줄 때

      목적어에게 목적어를 제공할 때

5형식 : 목적어의 직업, 목적어의 신분, 목적어의 상태

      목적어＝목적보어

      목적어에 대한 지시, 명령, 요구, 제안

명사 : 명사, 명사구, 명사절

형용사 : 형용사, 형용사구, 형용사절

부사 : 부사, 부사구, 부사절

John worked hard day and night. (1형식)

There is a way to solve this problem without fighting. (1형식)

Richard is my teacher. (2형식)

Sam is my uncle. (2형식)

Michelle is my wife. (2형식)

My point is that we have to go right now. (2형식)

I had lunch with her yesterday. (3형식)

I really like you. (3형식)

I will give it to you. (3형식)

I received your wedding invitation card yesterday. (3형식)

He gave her flowers last night. (4형식)

I offered him a position in my company. (4형식)

I saw John talking to Sam this morning. (5형식)

I had her clean her room before she went out. (5형식)

I made a rule get up early in the morning. (5형식)

To know me is to love me. (명사구가 주어)

My dream is to become a teacher. (명사구가 보어)

I wanted to become a teacher. (명사구가 목적어)

That he was sick was not true. (명사절이 주어)

I am not sure if he has a steady job. (명사절이 보어)

I told him that everybody in that car were safe. (명사절이 목적어)

I have a blue BMW. (단어인 명사-형용사)

I have a lot of things to do. (단어인 명사-형용사구)

I have a project that I have to finish by Monday no matter what happens.
(단어인 명사-형용사절)

John broke up with his girl friend last month to study English.
(동사-부사 가능)

구

두 개 이상의 단어가 모여서 하나의 형용사나, 부사, 혹은 명사로 작용하는 단어 무더기를 구(Phrase)라고 한다. 구에는 형용사, 부사, 명사구 이렇게 3개가 중요하다. 구는 우리가 만들어 사용하는 것이기 때문에 종류가 몇 개 있으며, 어떻게 만드는지, 언제 사용하는지를 알아야 한다.

기능 : 두 개 이상의 단어가 모여 '형부명'으로 사용된다.

형용사구

부정사 – 한정적 : 앞으로 어떻게 할 명사 설명

부정사 – 서술적 : be+to용법 5가지

전+명구 : 명사의 위치나 방법 설명

현재분사구 : ~ing 형태로 현재 진행중인 명사를 설명

과거분사구 : ~ed 형태로 어떻게 되어진 명사를 설명

부사구

부정사 : 동사하는 이유를 나타냄

부정사 – 양보 : 이런 조건이지만 동사한다는 것 표현

부정사 – 조건 : 이런 조건에 동사한다.

부정사 – 목적 : 이런 목적으로 동사한다.

부정사 – 결과 : 이런 결과 이런 동작을 한다.

전+명구 : 시간적인 요소를 명사와 관련해서 표현
　　　　　장소적인 요소를 명사와 관련해서 표현

분사구문 : 부사절을 부사구로 만들어 표현

명사구

부정사 : 미래 지향적, 일반적인 동작을 표현　　**의문사+부정사** : 누구를, 무엇을 동작하는지

동명사 : 과거 지향적, 구체적 동작을 표현　　**의문사+부정사** : 언제, 어디서, 어떻게, 왜 동작하는지

I haven't got anything to do today. (기능)

I am to meet her tonight. (부정사)

You are to be there on time. (부정사)

No one was to be seen there. (부정사)

There are two guards at the gate. (전+명구)

I saw two men fighting over a box of apples. (현재분사구)

I showed them the library built in 1900. (과거분사구)

I went there to find out if that was true. (부정사)

To do my best I failed the driving test again. (부정사)

I should be glad to see you over there. (부정사)

He went to the US to see his kids. (부정사)

I found this under the table. (전+명구)

I will see you over there around 9 o'clock. (전+명구)

Walking along the street, I met one of my friends, John. (분사구문)

I'd like to have a Diet Coke. (부정사)

I remember seeing her somewhere before. (동명사)

I don't know what to do. (부정사)

I asked her where to go. (부정사)

She didn't know when to start. (부정사)

No one will tell you what to do anymore. (부정사)

I don't know whom to lean on. (부정사)

절

두 개 이상의 단어가 무더기가 되어 형용사, 부사, 명사와 같은 품사로 사용되는 것을 말한다. 구도 같은 역할을 하는데 차이점은 절은 문장의 구조를 갖고 있는 반면에 구는 문장이 아니라는 점이 다르다.

기능 : 5형식 중 하나인 문장이 형용사, 부사, 명사처럼 사용된다.

형용사절 만들기 : 관계대명사+문장, 공통 부분을 삭제

형용사절의 종류

관계대명사 : 수식하는 단어가 사람이나 사물을 표현하는 단어인 명사

관계부사 : 수식하는 단어가 이유, 방법, 시간, 장소를 표현하는 단어인 명사

부사절 만들기 : 접속사+문장

부사절의 종류 : 이유, 양보, 조건, 때, 장소, 목적, 결과를 나타낸다.

명사절 만들기 : 접속사+문장 / 의문사+문장

명사절 종류 ┌ 접속사-that절, if절, whether절
           └ 의문사 ┌ 의문대명사-what, who절
                    └ 의문부사-when, where, why, how절

I didn't know that you didn't go to school. (기능)

I like her because she is my type. (기능)

This is the book which I got from her last night. (기능)

This is the boy who broke the computer. (관계대명사절)

This is the book that I wrote two years ago. (관계대명사절)

I went to the house where I was born. (관계부사절)

This is how I solved the problem. (관계부사절)

The reason why I don't trust him is this. (관계부사절)

I didn't sign the paper because you didn't sign it. (이유)

Although he was rich, he wasn't happy at all. (양보)

If it is fine tomorrow, I will go on a picnic. (조건)

I was reading a book when you called me last night. (때)

You may go wherever you want to go. (장소)

I had to go there early so that I could take the front row seat. (목적)

I was so sick that I couldn't get the call. (결과)

I didn't know that you paid the bill already. (명사절)

I wonder if this pearl necklace will make her happy. (명사절)

I don't care whether or not your father is rich. (명사절)

I forgot what he said to her. (의문사절)

Do you know who said that to you? (의문사절)

My question was where you went with him. (의문사절)

Do you remember when she came here? (의문사절)

The main question is why she said that to you. (의문사절)

How you solve the problem is the key point. (의문사절)

to 부정사

부정사는 to+동사원형으로 만들며 문장 가운데에서 형용사, 부사 또는 명사로 사용되기 때문에 품사가 정해지지 않았다는 의미에서 부정사라 부른다.

기능 : 문장 중에서 형용사, 부사, 명사의 기능을 한다. 주로 동작을 나타내는 명사, 동작을 포함하는 형용사, 동작을 포함하는 부사로 사용된다.

어떻게 만드나 : to+동사원형으로 만든다.

일반적인 의미 : 미래 지향적 사실을 표현

　　　　　　　 일반적인 사실을 표현

형용사구

한정적 : book to read와 같이 앞으로 어떻게 될 명사

서술적 : I am to see her tonight과 같이 특정 의미

부사구

이유 : ～하기 때문에 ～이다　　**양보** : ～이지만 어떻게 되었다

조건 : ～한다면 ～된다　　　　**목적** : ～하기 위해서 ～한다

결과 : ～한 결과 ～되었다

명사구

주어 : ～하는 것이

목적어 : ～하는 것을

보어 : ～ 것이다

독립 부정사 구문 : To tell the truth～ 사실을 말하자면

it ～ for ～ to 용법 : for 뒤에는 의미상의 주어

it ～ of ～ to 용법 : of 뒤에는 의미상의 주어

원형동사 : 지각동사 뒤에 목적보어 / 사역동사 뒤에 목적보어에 원형부정사가 온다.

목적어로 to 부정사를 취하는 동사 : 미래지향적인 동사

I have a lot of things to do today. (기능-형용사)

I am so glad to see you again. (기능-부사)

To know me is to love me. (기능-명사)

I am glad to meet you. (의미-미래지향적)

To have a gun in this country is illegal. (의미-일반적)

I want something to drink. (형용사구-한정적)

You are to finish your homework by 10. (형용사구-서술적)

He must be sick to say such a thing. (부사구-이유)

To do my best, I failed the exam again. (부사구-양보)

I should be happy to see you there. (부사구-조건)

I went there to meet her. (부사구-목적)

He grew up to be a great teacher. (부사구-결과)

To master English is not easy. (명사구-주어)

I want to know where you went last night. (명사구-목적어)

My point is to save money. (명사구-보어)

It is not easy for me to learn English now. (it~ for to)

It is very kind of you to say so. (it~ of to)

I saw him break the window. (원형동사-지각동사 뒤 목적보어)

I made him clean his room. (원형동사-사역동사 뒤 목적보어)

I hope to see you again. (미래지향적 동사)

I promised to be there on her birthday. (미래지향적 동사)

동명사

동사 원형+ing로 만들며 문장 중에서 명사로 사용된다. 동명사는 움직이는 것에 이름을 붙인 것을 말한다. 즉 '~ 하는 것'이다. 동명사는 부정사와 비슷한 뜻을 갖지만 과거지향적인 동작과 구체적인 동작을 의미하는 것이 부정사와 다르다.

기능 : 움직이는 동작의 이름. '~ 하는 것'에 해당한다. 동사를 포함하기 때문에 동사와 같이 자동사 / 타동사를 따져야 하며 타동사이면 목적어를 반드시 취하고 부사도 취할 수 있다.

어떻게 만드나 : 동사 원형+ing를 붙여서

일반적인 의미 : 과거 지향적인 표현, 구체적인 동작을 표현

주어로 사용 : 동작이 주어인 표현을 할 때

목적어로 사용 : 동작이 목적어인 표현을 할 때

보어로 사용 : 동작이 보어인 표현을 할 때

동명사를 목적어로 취하는 동사 : enjoy, mind

동명사와 부정사를 둘 다 목적어로 취하는 동사 : remember

My hobby is reading comic books. (동명사/주어)

Fishing is my brother's hobby. (동명사/주어)

Having a gun in this country is illegal. (동명사/주어/행, 능동)

Would you mind closing the window? (mind는 동명사-목적어)

Fishing used to be my hobby but not any more. (동명사-주어)

I like fishing very much. (동명사-목적어)

Her hobby used to be fishing. (동명사-보어)

Would you mind not smoking here? (mind는 동명사-목적어)

I remember mailing the application.

I remember to mail the application.

(remember는 동명사와 부정사를 둘 다 목적어로 취함)

분사

분사에는 현재분사와 과거분사가 있다. 현재분사는 동명사와 같은 모양을
하고, 과거분사는 동사 어미에 주로 −ed를 붙여서 만든다.

기능 : 현재분사나 과거분사 모두 형용사로 사용된다.

한정적인 용법 : 단어인 명사 앞뒤에서 수식

서술적인 용법 : 2, 5 형식에서 보어로 주어나 목적어 수식

현재분사 : 현재분사는 능동적인 진행을 의미한다. 동사원형+ing으로 만든다

과거분사 : 과거분사는 수동적인 완료를 의미한다. 동사원형+ed로 만든다

과거분사의 완료시제 만들기

Have+~ed(과거분사)

완료시제는 주로 완료, 결과, 경험, 계속의 뜻을 나타낸다.

과거분사의 수동태 만들기

Be+~ed(과거분사)

수동태는 주로 주어를 모를 때, 주어를 말하고 싶지 않을 때, 목적어를 강조할 때 사용하는 표현 방
식이다.

Look at the sleeping baby. (현재분사 · 형용사)

I am so tired today. (과거분사)

The man reading a newspaper is my uncle.(진행형)

My cat lay sleeping at the door. (분사구문)

I saw my father running in the park. (현재분사-서술적)

I was sleeping when she called me last night. (진행형)

I found my wallet stolen last night. (과거분사-완료,수동)

I have finished my project. (완료)

I have been to the USA before. (경험)

I have lost my key. (결과)

I have known John since 1999. (계속)

This picture was painted by Sam. (수동태-목적어강조)

The window was broken last night. (수동태-주어 모름)

I was told that.(수동태-주어를 말하고 싶지 않음)

비교

비교는 형용사와 부사에만 있다. 비교는 형용사나 부사를 사용할 때 상대방이 잘 알고 있는 어떤 대상을 중심으로 비교함으로써 상대방이 전하는 내용을 효과적으로 이해하는 데 사용된다.

기능 : 단어인 형용사와 부사에는 비교가 있다. 원급, 비교급, 최상급
원급 : 형용사의 원래의 모습. 원급인 형용사나 부사는 as 원급 as로 사용
비교급 : 형용사의 원급에 주로 −er을 붙여서 비교급을 만든다.

　　　비교급은 비교급 +than 형태로 사용

　　　비교급을 사용하는 관용구는 비교를 사용하는 표현이므로 암기해두면 좋다.
최상급 : 형용사의 원급에 주로 −est를 붙여서 최상급을 만든다

　　　최상급은 the 최상급 명사의 형태로 사용된다.

　　　형용사의 의미에 절대적인 의미가 있는 경우는 최상급을 쓰지 않는다.

young – younger – youngest (형용사의 비교)

fast- faster- fastest (부사의 비교)

John is as big as I am. (원급 비교)

She is taller than her sister.(비교급 비교)

You are smarter than you think. (비교급 비교)

John is the tallest student in our class. (최상급)

This is the fastest way to get there. (최상급)

empty, final은 비교급이 없다.

John is as busy as a bee. (관용구)

He is as poor as a church mouse. (관용구)

완료시제

12시제 중에 하나이다. 현재완료는 과거로부터 현재에 이르는 시간 사이에 뭔가가 일어난 것을 표현하는 시제이다. 과거와 현재완료의 차이점은 과거는 과거의 어느 시점에 어떤 동작이나 상태가 일어났다는 것을 단적으로 표현하는 반면에, 완료는 어떤 기간 동안에 뭔가가 일어났거나 수행되어온 것을 표현하는 방식이다.

기능 : 완료는 주로 어떤 동작이나 상태의 완료로 어떤 동작이나 상태의 결과, 경험, 계속 등을 표현하는 데 사용한다. 완료시제에는 현재, 과거, 미래완료가 있다. have 동사+과거분사를 통해서 완료시제를 표현한다.

현재완료

have 동사의 현재+과거분사

현재완료에는 명백한 과거를 나타내는 부사를 사용하지 않는다.

과거완료

have 동사의 과거+과거분사

미래완료

will have+과거분사

완료진행형은 동작의 계속을 표현한다.

준동사에서는 과거형이 없음으로 완료시제로 과거를 표시한다.

I have been there before. (현재완료-경험)

I have finished my homework.(완료)

I had finished my homework yesterday. (과거완료)

I will have finished my homework by tomorrow. (미래완료)

I have lost my key. (결과)

I have met your sister before. (경험)

I have known you since you were a baby. (계속)

(×) I have finished my homework yesterday.(잘못된 사용-현완, 과거)

He has been reading a book since this morning. (계속)

He seems to be rich. (현재)

He seems to have been rich when he was young. (과거)

수동태

수동태는 문장의 형태 중 하나이다. 능동태는 주어가 목적어에게 어떤 동작이나 상태를 하는 것인데 비해 수동태는 반대로 목적어가 주어에게 어떤 동작이나 상태를 가하는 형태의 문장이다.

언제 사용하나?

주어를 모르는 상황에서 일어난 일을 표현하고자 할 때

주어를 알지만 말하고 싶지 않은 상황에서

목적어를 강조하고 싶은 상황에서

어떤 문장을 수동태로 할 수 있나?

목적어가 있는 문장에서

목적어가 있어도 수동태가 불가능한 경우도 있다. have, resemble 등과 같은 동사는 수동태로 만들지 못한다.

수동태 만들기

be동사+ 과거분사를 놓아서 만든다.

종류

be동사의 시제에 따라 현재, 과거, 미래 등이 가능.

4형식 문장의 수동태는 목적어가 2개 있음으로 2개의 수동태가 가능하다.

to 부정사의 to 환원이란

5형식 문장에서 지각동사와 사역동사 뒤에는 원형부정사가 오는데 수동태가 되면 to가 환원된다.

The window was broken last night. (수동태)

I was told that. (수동태)

My life was changed by that movie. (수동태)

I hired John to solve this problem. (능동태)

John was hired to solve this problem. (수동태)

I have two computers in my room. (능동태)

(×) Two computers are had by me in my room.(잘못된 사용)

She is loved by many people. (수동태)

This book was written by Sam. (수동태)

Your name will be called when he is ready. (수동태)

My dad gave me this book yesterday. (능동태)

(1) I was given this book yesterday by my dad. (4형식 문장 수동태 1)

(2) This book was given (to) me yesterday by my dad. (4형식 문장 수동태 2)

I made John clean his room last night. (능동태)

John was made to clean his room last night by me.

(수동태가 되면 원형부정사가 부정사로 된다.)

관계대명사

영어에서 절은 단어+문장으로 보면 되는데 이때 형용사절이 사람이나 사물을 수식하는 경우에 형용사절을 만드는 단어가 바로 관계대명사이다.

관계대명사절은 사람과 사물에 대한 이야기이다.

의문대명사와 같은 단어들인 who, which, that, what과 같은 단어들을 사용한다.

선행사 : 형용사절이 수식하는 단어 명사를 선행사라고 한다.

　　　선행사가 사람인 경우는 관계대명사절로 그 선행사를 설명한다.

　　　선행사가 사물인 경우는 관계대명사절로 그 선행사를 설명한다.

　　　관계대명사는 2개의 문장에서 공통적인 명사가 있을 때 가능하다.

만들기

두 문장에서 공통 명사 확인 → 앞 문장의 명사에 따라 관계대명사를 선정 → 뒤 문장의 명사의 격에 따라 관계대명사의 격을 선정 → 관계대명사를 접속사의 위치에 두고 두 문장을 나열한 뒤에 뒤문장의 명사(대명사)를 삭제

*따라서 관계대명사가 이끄는 절은 항상 주어, 목적어, 보어가 빠지는 불완전한 문장이다.

관계대명사의 용법 : 한정적, 계속적 용법

　　　　　계속적 용법은 관계대명사 앞에 ','가 있는 경우이다.

　　　　　관계대명사는 계속적 용법일때만 관계대명사나 등위접속사처럼 해석한다.

관계대명사 유의 사항

관계대명사의 목적격은 생략할 수 있다.

관계대명사 what은 선행사를 포함하는 관계대명사로 명사절을 이끈다.

선행사가 일정한 상황(선행사가 한정적이거나, 최상급, 복수, all, every 등으로 수식받을 때)에 있으면 반드시 관계대명사 that을 사용한다.

This is the book which I got from Michelle. (관계대명사)

I don't know the man who is using my computer.(관계대명사)

This is the computer which I bought for you. (관계대명사)

This is the computer. I bought it for you.

(두 문장을 위처럼 관계대명사절로 만드는 예)

　(1) the computer, it (두 문장에서 2개가 공통 단어임)

　(2) the computer → 사물 → which (선행사를 보고 관계대명사 선정)

　(3) it 는 목적어 → which 의 목적격 → which (관계대명사)

　(4) This is the computer which I bought it for you. (두 문장 연결)

　(5) This is the computer which I bought for you. (대명사 삭제)

This is the first man that came to help me. (that을 써야 한다)

John is the only boy that can fix this machine. (that을 써야 한다)

She had two sons who became lawyers. (한정적 용법)

She had two sons, who became lawyers. (계속적 용법)

All you have to do is follow my advice. (관계대명사 생략)

I didn't understand the thing she wanted. (관계대명사 생략)

I didn't understand what she wanted. (선행사 포함 관계대명사)

Here is what you ordered. (선행사 포함 관계대명사절)

관계부사

영어에서 절은 단어+문장으로 보면 되는데 이때 형용사절이 이유, 방법, 시간, 장소인 명사를 수식하는 경우에 형용사절을 만드는 단어가 바로 관계부사이다.

관계부사절은 이유, 방법, 시간, 장소인 선행사에 대한 이야기이다. why, how, when, where와 같은 단어들이다.

선행사

이유 the reason/방법 the way/시간 the day/장소 the place 등

두 문장 중에서 앞 문장에 있는 명사를 뒤 문장에 있는 부사가 설명할 때 관계부사로 두 문장을 연결할 수 있다.

만들기

두 문장에서 공통을 이루는 명사와 부사를 발견 → 앞에 나온 명사에 따라 관계부사 결정 →

관계부사를 접속사의 위치에 두고 두 문장을 나열한 뒤에 뒤 문장의 부사를 삭제한다.

관계부사 유의 사항

방법의 관계부사절에서는 선행사 혹은 관계부사 둘 중에 하나만 사용한다.

시간과 장소의 관계부사절에는 한정적, 계속적 용법이 있다.

관계부사절은 형용사절이나 선행사를 생략하면 명사절이 된다.

복합관계부사

however, wherever, whenever 그러나 whyever는 없다.

This is the reason why I like her so much. (이유)

The day when he came back to Korea is not known. (시간)

This is the room where I used to spend after school. (장소)

  (1) This is the house. He was born there. (관계부사 만드는 방법)

  (2) This is the house where he was born there.

  (3) This is the house where he was born.

I went to Santa Barbara where I spent for two weeks. (한정용법)

I went to Santa Barbara, where I spent for two weeks.(계속용법)

This is the way I fixed the printer. (방법−관계부사나 선행사중 하나)

This is how I fixed the printer. (방법−관계부사나 선행사중 하나)

She is not at home whenever I call her. (복합관계부사)

I don't care however you go there. (복합관계부사)

I will follow you wherever you go. (복합관계부사)

부가의문문

의문문의 일종으로 평서문을 먼저 말하고 짧은 두 단어로 된 의문문으로 질문을 하는 의문문을 말한다.

부가의문문 만들기
긍정 평서문+부정 의문문?
부정 평서문+긍정 의문문?

부가의문문의 여러 경우
be동사가 있는 부가의문문
조동사가 있는 부가의문문
일반동사가 있는 부가의문문
직접명령문의 부가의문문
간접명령문의 부가의문문

부가의문문 유의 사항
부가의문문의 평서문 긍정 부정은 어떻게 결정하나?
부가의문문의 끝부분 올림과 내림에 대해서
복문에서 주절이 think, imagine 등으로 시작될 때

It's really bad, isn't it? (be동사 부가의문문)

You didn't buy that, did you? (일반동사 부가의문문)

You can finish that by tomorrow, can't you? (조동사 부가의문문)

It is a nice day, isn't it? (be동사 부가의문문)

You can speak English, can't you? (조동사 부가의문문)

He went there, didn't he? (부정)

Study hard, will you? (명령문은 will you?로)

Let him go, will you? (명령문은 will you?로)

Let's eat out, shall we? (Let's 는 shall we?로)

You had dinner, didn't you? (일반동사)

You didn't have dinner, did you? (일반동사)

John is handsome, isn't he? (be동사)

I think I should trust you, shouldn't I? (I think ~ 특별)

간접의문문

의문문이 명사절이 되어 다른 문장의 주어, 목적어, 보어로 사용된 문장을 간접의문문이라 한다. 일반의문문이나 특수의문문이 명사절이 되어서 간접의문문을 만든다.

명사절 : 단어 + 문장

일반의문문 → 명사절

if나 whether 접속사+문장으로

만들기

일반의문문을 평서문으로 → if나 whether를 접속사로 사용

특수의문문 → 명사절

의문사+문장으로 / 의문사를 제외한 나머지를 평서문으로

간접의문문 유의 사항

간접의문문은 그 자체가 의문문일 수도 평서문일 수도 있다.

주어가 의문사인 의문사 의문문은 그 자체가 명사절이기도 하다.

Time is the most precious thing of all. (평서문/보통 문장)

That Time is the most precious thing of all. (절=단어+문장)

Do you like her? (의문문을 명사절로 만드는 방법)

  (1) you like her. (평서문으로 변환)

  (2) if you like her. Whether you like her. Whether or not you like her.

    (접속사 붙임)

  (3) I don't know + if you like her → I don't know if you like her.

    (목적어로 사용)

Does he know whether or not you like her? (간접의문문)

What do you want? What you want (의문사 의문문 → 명사절)

I don't know what you want. (위의 두 문장을 간접의문문으로 바꾼다.)

Who broke this window? → who broke the window?

I don't know who broke the window. (간접의문문)

접속사

절을 만드는 단어. 영어에서 절은 단어+문장이다. 명사절과 부사절은 접속사를 사용해서 절을 만든다.

등위접속사

and, or, but, so, for 등을 말한다.

등위접속사는 병렬법 혹은 병치법을 주의한다. 병치법이란 등위접속사 앞뒤로 문법적으로 기능이 비슷한 단어, 구, 절을 나열하는 것.

등위접속사 so와 for는 (,so) 혹은 (,for) 식으로 사용하며 문장의 뒤에 나온다. so는 앞 문장의 결과, for는 이유.

상관등위접속사: both A and B / not only A but also B / A as well as B

명사절을 만드는 단어

that : 평서문을 명사절로 만든다.

if : 일반의문문을 명사절로 만든다.

　(*if 접속사로 만들어진 명사절은 주로 목적절로만 사용)

whether : 일반의문문을 명사절로 만든다.

　　　　(*whether는 whether or not 혹은 whether ~ or not으로도 사용)

부사절을 만드는 접속사: 이유, 양보, 조건, 때, 장소, 목적, 결과를 표현한다.

You and I will go there together. (등위접속사)

You have to know how to open it and how to close it. (등위)

You can't fly, for you are not a bird. (등위)

I have no money at the moment, so I can't help you now. (등위)

Both John and his friend like her. (등위)

Not only you but also your friend must be there on time.(상관등위)

John as well as you is wrong on that. .(상관등위)

He failed the test. That he failed the test. (명사절)

Is she a doctor? → If she is a doctor. (일반의문문 → 명사절)

I don't know if she is a doctor. (복문, 간접의문문)

(×) My question is if she is a doctor. (잘못된 사용. if 절은 목적절로만)

Is she a doctor? → whether she is a doctor. (명사절)

Is she a doctor? → whether or not she is a doctor.

Is she a doctor? → whether she is a doctor or not.

She can't go there, because she is sick. (부사절-이유)

Though she is very rich, she is not happy. (부사절-양보)

You must work with him, whether you like him or not. (조건)

If you can't be here by 10, you should call your mom. (조건)

When she called me last night, I was reading a book. (때)

You may go where you want to go. (조건)

He worked very hard so that he might not fail. (목적)

John is so kind that everyone likes him very much. (결과)

가정법

사실의 반대를 가정해서 표현하는 문장의 방식을 가정법이라고 한다. 주로 지난 일의 사실을 반대해서 가정하거나 불확실한 현재나 미래의 일을 가정해서 표현한다.

영어에는 3가지 법이 있는데 사실대로 말하는 직설법, 앞으로 할 것을 요구하는 명령법, 사실의 반대를 가정해서 표현하는 가정법이 있다.

가정법의 시제

가정법에는 4개의 시제가 있다. 현재, 과거, 과거완료, 미래

가정법 시제는 if 조건절의 동사의 시제로 구분한다.

if 절의 동사가 현재이면 가정법 현재 : 현재나 미래의 불확실한 사실을 가정/If ~, 주어+will+동사원형~

if 절의 동사가 과거이면 가정법 과거 : 현재 사실의 반대를 가정/if ~ +동사, 주어+would (조동사 과거)~

if 절의 동사가 과거 완료이면 가정법 과거완료 : 과거 사실의 반대를 가정/If ~, 주어+would(조동사 과거)+현재완료 ~

if 절의 동사가 should+동사 원형 혹은 were to+동사 원형이면 가정법 미래 : 강한 의심이 가는 미래의 일이나, 불가능한 내용을 가정/If ~, 주어+should+동원~ 혹은 If ~, 주어+were to ~

가정법을 사용하는 표현

wish+가정법 과거

wish+가정법 과거완료

as if+가정법 과거

as if+가정법 과거완료

I like her. Be sure to call me tonight. If I were you, I wouldn't do that.
(직설법, 명령법, 가정법)

If he is honest, I will take him. (가정법 현재, 단순조건)

If I had money, I would buy that car. (가정법 과거)

If I had bought that house, I would have been happy. (가정법 과거완료)

If I were to be born again, I would be a teacher. (가정법 과거)

If I should fail the test, I would try it again. (가정법 미래)

I wish I had an umbrella now. (특별 가정법)

I wish I had bought that car.(특별 가정법)

He talks as if he were my boss. (특별 가정법)

He talked as if he had been my boss. (특별 가정법)

전치사

명사 앞에 놓여 그것을 하나의 형용사구나 부사구로 만드는 단어. 명사 상당
어구에서 부정사와 일반적으로 that절만 제외하고 대부분이 전+명구로 만
들 수 있다.

시간을 나타내는 전치사 : at, in, on, from, since, till(until), around, during
장소를 나타내는 전치사 : at, in, to
그 밖의 전치사 : 목적 for / 방법 with
전+명구 – 단어인 명사 사용
전+명구 – 동명사 사용
전+명구 – 의문사구 사용
전+명구 – 의문대명사절 사용
전+명구 – 의문부사절 사용

I will see you there at 6. (시간)

He will be back in June next year. (시간)

He asked that question on Sunday. (시간)

I lived in Boston from 1995 to 2000. (시간)

I have lived in Boston since 2005. (시간)

Please wait here for me until 9. (시간)

I saw him at the store around 3 this afternoon. (시간)

I stayed in Boston during my summer vacation. (시간)

I arrived at the airport around 8 o'clock. (시간)

We live in Seoul now. (장소)

Sam went to the US to see his children. (목적)

I went out for a walk. (목적)

The man with the newspaper is a doctor. (수단)

There is a book on the table. (위치)

On seeing me, he ran away. (분사구문)

It is a very important tip on how to use this machine. (전치사+명사구)

He asked me a question on what we should do in case of an earth quick.
(전치사+의문대명사절)

This is a tip on how you can solve this problem without calculator.
(전치사+의문부사절)

시제일치

복문의 구조를 가진 문장에서 주절과 종속절의 동사가 조화를 이루어야 한다는 것이 시제일치이다. 특히 주절의 동사가 과거이면 종속절의 동사의 시제는 과거나 과거 이전의 시제가 되어야 한다는 것이 시제일치의 골자이나 예외적인 상황도 있다.

주절 현재

주절의 동사가 현재일 때 종속절에는 어떤 시제가 와도 좋다.

주절 현재–종속절 현재

주절 현재–종속절 과거

주절 현재–종속절 완료

주절 현재–종속절 미래

주절 과거

주절의 동사가 과거일 때 종속절에는 과거나 그 이상의 시제가 와야 한다.

주절 과거–일반적으로 종속절 현재 안 된다. 아래의 예외를 참조.

주절 과거의 예외적 사용

습관과 진리 표현은 현재 가능

가정법은 가정법의 시제를 그대로 따른다.

역사적 사실은 항상 과거로

일어나지 않은 사건은 시제 일치 예외

He knows that John is sick. (현재)

He knows that John was sick. (현재)

He knows that John has been sick. (현재)

He knows that John had been sick. (현재)

He knows that John will be sick. (현재)

He knew that John was sick. (과거)

(×) He knew that John is sick. (잘못된 사용)

John says that he went there on time. (현재)

John said that he had gone there on time. (주절−과거−시제일치)

He said that he gets up early in the morning. (습관)

We learned that the earth is round. (진리)

We knew that the water always boils at that temperature. (진리)

We knew that America was discovered before 1500. (역사)

John said that he would be happy if he passed the test. (가정법)

화법

다른 사람이 말한 것을 다른 사람에게 전달하는 것을 화법이라고 한다. 화법은 다른 사람이 말한 내용을 " "나 ' ' 같은 인용부호 안에 넣어 전달하는 직접화법과 다른 사람의 말을 내가 소화해서 명사절로 만들어 전달하는 간접화법이 있다.

직접화법과 간접화법 인식하기

직접화법에서 간접화법으로 전환

said → said that

said to me → told me

this → that / here → there

ago → before

tomorrow → the next day

last night → the previous night

these → those

now → then

yesterday → the day before 혹은 the previous day

명령문의 변화 order, 의문문의 변화 ask

He said, "I am hungry." (직접화법)

He said that he was hungry. (간접화법)

He said to me "I finished my homework yesterday." (직접화법)

He told me that he had finished his homework the previous day.

He said to me, "My mother likes this." (직접화법)

He told me that his mother liked that. (간접화법)

He said, "Wait here until I come." (직접화법)

He ordered that I should wait there until he came. (간접화법)

He said, "I will see you tomorrow." (직접화법)

He said that he would see me the next day. (간접화법)

He said to me, "I couldn't sleep last night." (직접화법)

He told me that he couldn't sleep the previous day. (간접화법)

She said to me, "Do you want these?" (직접화법)

She asked me if I wanted those. (간접화법)

John said, "We have to study hard now." (직접화법)

John said that we had to study hard then. (간접화법)

Mom said, "Be quiet!" (직접화법)

Mom ordered that I should be quiet. (간접화법)

영문법 정복 3단계

구구절절 속시원한 영문법

놓치기 쉬운 영문법 핵심 풀이

3장에서는 놓치기 쉬운 영문법의 핵심들을 풀어서 설명하고 있다. 다음 '영문법 실전 단계'로 넘어가기 전에 1장과 2장에서 배운 영문법 핵심 내용들을 이번 장에서 한번 더 확실히 다지고 넘어가는 것이다. 특히 '해석-번역과 직독직해' 부분은 4장부터 시작되는 '영문법 실전 단계'와 바로 직결되는 부분이다. 영어 문장과 한국어 문장의 차이에서 '문법'의 차이를 찾아내고 익숙하게 '내것'으로 만드는 것이 이 파트의 목적이다. 의미 단위로 끊어지는 영어 문장을 보며 빠르게 영문법의 핵심에 도달하기 바란다.

문장의 5형식의 사용법

지금까지 우리는 30개의 영문법 항목으로 이루어진 영문법 숲 차트를 기억하고 그 차트에 표시된 영문법의 내용을 간단하게 살펴보았다. 이 내용은 간단하지만 반드시 숙지해야 하며 책을 안 보고 다른 사람에게 설명할 수 있을 정도가 되어야 한다.

영문법을 마스터하기 위해서 4가지 질문을 해야 하는데 그 첫 번째 질문이 문장이란 무엇인가였다. 문장이란 무엇인가? 문장은 우리가 다른 사람에게 생각을 전달하기 위해서 일정한 법칙 아래 단어를 나열하는 것이다. 영어는 단어의 나열이 일정한 법칙에 맞지 않으면 안 되는데 그 이유는 영어는 우리 한국어와 달리 단어에 토씨 혹은 조사를 달지 않는 언어이기 때문이다.

한국어는 단어에 토씨를 붙여서 그 단어가 주어인지 목적어인지를 구별하지만 영어는 단어에 토씨를 붙이지 않기 때문에 그 단어의 위치를 가지고 주어인지 목적어인지를 구분하는 것이다. 그래서 영어는 어순이 중요하다.

예를 들면 한국어로는 "나는 그녀를 좋아해요"라는 것은 영어로는 "I like her"이다. 한국어는 이 문장에 있는 단어들의 순서를 아래와 같이 달리 해도 이해하는데 문제가 없다.

나는 그녀를 좋아해.
그녀를 나는 좋아해.
좋아해 나는 그녀를.
나는 좋아해 그녀를….

문장을 듣는데 좀 이상하기는 하지만 다 이해가 된다. 왜 그런가? 단어에 '는'이라는 조사가 붙게 되면 그 위치가 어디이던지 주어가 되기 때문이다. 마찬가지로 단어의 위치가 어디에 있든지 관계없이 단어에 '을'이나 '를'이 붙게 되면 목적어가 된다.

반면에 영어는 "I like her"라는 문장에서 단어의 순서가 다르게 되면 원어민은 이해하지 못한다.

I like her. (○)

Her I like. (×)

Like her I. (×)

Her I like. (×)

영어는 단어에 토씨를 붙이지 않기 때문에 그 단어의 위치를 보고 주어인지 목적어인지를 구분하게 된다. 그래서 영어는 단어들의 배열 혹은 어순이 중요하다고 하는 것이다.

평서문을 만드는 데 사용되는 어순의 법칙이 있다. 즉 평서문을 만들기 위해서 어떤 단어를 어디에 놓아야 하는지를 규정해주는 법칙이 있는데 그것을 문장의 5형식이라고 한다.

문장의 5형식은 평서문을 만드는 단어들의 배열을 규정해주는 법칙이다. 문장의 5형식은 문장의 주된 요소인 주어, 서술어, 목적어, 보어만을 사용한다. 이미 앞에서 우리가 본 바 있지만 문장의 5형식은 다음과 같이 문장의 주된 요소를 배열한다.

1형식 – 주어, 서술어

2형식 – 주어, 서술어, 보어

3형식 – 주어, 서술어, 목적어

4형식 – 주어, 서술어, 간접목적어, 직접목적어

5형식 – 주어, 서술어, 목적어, 목적보어

이 5형식은 어떤 때 사용하는 것일까? 문장의 5형식은 일반적으로 다음과 같은 경우에 사용한다. 어떤 생각이 떠오르면 몇 형식을 써야겠다는 생각을 해보는 것이 영작을 하는 데 도움이 된다.

1형식

1형식은 주로 뭐가 있다 없다는 표현을 할 때, 간단한 동작 즉 맨손으로 할 수 있는 동작을 할 때 그리고 확실하지 않은 동작이나 상태를 객관적으로 묘사할 때 주어를 놓고 동사를 놓는다.

사람이나 사물의 위치를 나타낼 때

There is a book on the table.

Your computer is in your car.

사람과 사물의 간단한 동작을 나타낼 때

John and Michelle went to the zoo.

He worked very hard to make money.

확실하지 않는 동작이나 상태를 객관적으로 묘사할 때

It seems that he failed the exam again.

It appears that they are not doing their job.

2형식은 주어의 직업, 신분, 상태 그리고 주어는 보어이다, 라는 것을 말할 때 사용한다.

주어의 직업을 나타낼 때

He is a teacher.

Michelle is an artist.

주어의 소속, 신분을 나타낼 때

He is my boss.

The man with a newspaper is my uncle.

주어의 상태를 나타낼 때

She is busy now. (She seems busy now.)

This is very interesting.

주어 = 보어이다를 나타낼 때

My point is that we have to go now.

To know Michelle is to love her.

3형식은 목적어를 필요로 하는 동작이나 상태를 표현하는 문장의 배열이다. 아마도 3형식 문장이 가장 많이 사용되는 문장일 것이다. 목적어를 필요로 하는 동작, 목적어에 대한 주어의 심적인 상태, 주거나 받거나 할 때 3형식을 사용한다.

목적어를 필요로 하는 동작을 할 때(동작)

I ate an apple last night.

John won the race again.

목적어에 대한 주어의 입장을 표시하고자 할 때(상태)

I love her very much.

I hate him for no apparent reason.

어떤 물건을 보내거나 받거나 할 때

I gave a book to her.

I received your mail.

4형식 동사의 별명은 수여타동사이다. 즉 4형식은 주어가 간접목적어에게 뭔가를 주거나 제공하고 보내는 그런 동작을 표현하는 문장의 배열이다. 3형식으로도 주는 것을 표현할 수 있어서 4형식을 3형식으로 바꾸기도 한다.

인격적인 누군가에게 물건이나 사람을 보내거나 사줄 때

I sent her a postcard.

He gave me some apples the other day.

인격적인 누군가에게 물건을 만들어주거나 사주거나 할 때

I bought her a cell-phone.

My mother made me a shirt.

인격적인 누군가에게 뭔가를 제공하고자 할 때

I offered him a position in my company.

He taught me how to drive a car.

5형식

5형식은 목적어에 대한 직업, 신분, 상태를 표현하거나 목적어=목적보어와 목적어에 대한 지시, 명령, 허가, 요구 등을 표현하는 문장의 형태이다.

목적어에 대한 직업을 나타낼 때

He made his daughter a doctor.

We elected him president of this company.

목적어에 대한 상태, 성질을 설명하고자 할 때

I found John very sick.

I saw John crossing the street.

목적어에 대한 신분이나 소속 관계를 설명하고자 할 때

John found Richard a good teacher.

Michelle thought John a good friend of hers.

목적어 = 목적 보어를 나타낼 때

They kept it a secret that Sam liked Julie.

I made it a rule that I get up early in the morning.

목적어에 대한 지시, 허가, 요구, 명령 등을 표현하고자 할 때

I made him clean his room.

I asked John to finish the project as soon as possible.

여기에서 공부하는 5형식의 사용법은 아주 기본이 되는 것이므로 어떤 생각
이 떠오르면 몇 형식이라는 것을 의지적으로 연습해둘 필요가 있다. 물론 나
중에 어떤 생각이 어떤 문장이 되는 것은 자동적으로 나와야 하겠지만 그렇
게 되기 위해서는 기초적인 영어를 배울 때 그것을 연습해두어야 한다.

평서문의 어순 - 어순 차트

어순 차트는 5형식으로 만들어지는 평서문이 일반적으로 어떤 구조를 갖게 되는지를 보여주는 차트이다. 우리가 전에 공부하기로는 문장의 5형식은 주어, 서술어, 목적어, 보어로 이루어진다고 했는데 실제 문장은 위에서 말한 주어, 서술어, 목적어, 보어 외에도 다른 종속적인 요소들이 들어간다.

다음 페이지에 보이는 어순 차트는 일반적인 평서문이 취할 수 있는 조동사, 형용사, 부사 등을 포함해서 어떤 단어들이 어떻게 배열되는지를 보여주는 것이다.

어순 차트를 보면 우선 명사와 동사는 문장에서 주어와 동사에 해당하는 것이다. 명사는 단어, 구, 절 이렇게 3개가 있는데 단어인 명사가 나오면 그 앞뒤에 형용사가 나올 수 있다는 것을 기억해야 한다.

명사 앞에 오는 형용사는 단어인 형용사이며 이렇게 명사 앞에서 명사의 성질, 상태, 수량을 설명해주는 형용사 용법을 전치 수식이라고 한다. 단어인 명사 뒤에는 형용사구와 형용사절이 올 수 있다.

5형식에서는 나오지 않지만 주어와 동사 사이에는 조동사와 부사가 나올 수 있다. 조동사는 동사 앞에 나와서 동사의 분위기를 잡거나, 시제(진행시제와 완료시제)를 만들거나 부정을 만들 때 동사 앞에 위치한다.

부사는 주로 동사 하는 이유, 방법, 시간, 장소를 설명하는데 동사 뒤(주로 문장 끝 부분)에 위치한다. 그런데 부정과 빈도를 나타내는 부사는 동사 앞에 오게 된다.

동사는 1형식을 제외하면 보어나 목적어가 동사 뒤에 나오게 된다. 동사 뒤에 나오는 목적어나 보어를 형식요소라 하며 동사는 반드시 이 형식요소를 가져야 한다. 그래서 동사를 미완성이라고 했다. 이런 형식요소가 적절하게 나오지 않으면 영어 문장이 완성된 것이 아니고 원어민들은 그런 문장을 이

영어 어순 요약 – 1

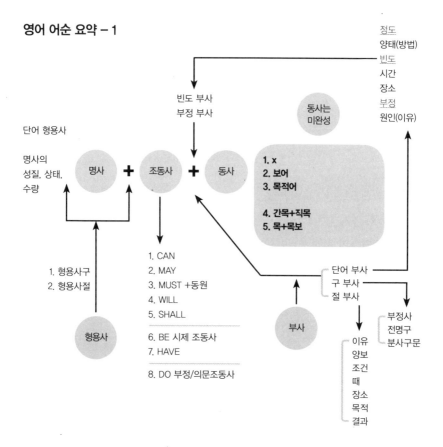

1. 단어인 명사는 형용사가 수식한다.
2. 동사는 부사가 수식한다.
3. 수식하는 아이들은 수식받는 아이들 근처에 있으려고 한다. – 근접수식원칙
4. 동사는 미완성이다. – 보어나 목적어가 반드시 필요하다.

해하지 못하기 때문이다.

동사 뒤에 형식요소가 나온 뒤에는 부사가 나올 수 있다. 부사에는 단어, 구, 절이 있다.

동사 뒤에 나오는 형식요소 부분을 보면 1형식 뒤에는 목적어나 보어가 나올 수 없다. 부사만이 1형식의 동사 뒤에 나올 수 있다. 부사가 되는 것은 단어, 구, 절 이외에 전치사+명사구도 부사가 될 수 있다. 부사는 어떤 형식의 문장에서라도 문장 끝에 나올 수 있다.

2형식 동사 뒤에는 보어가 나와야 하며 보어가 될 수 있는 것은 형용사와 명사이다. 2형식은 주어의 직업, 신분, 상태, 그리고 주어=보어로 사용되기 때문에 직업과 신분 그리고 주어=보어의 기능을 하기 위해서는 보어가 명사가 되어야 한다. 그러나 주어의 상태를 설명하기 위해서는 형용사가 되어야 한다. 주어의 상태를 설명하는 보어는 형용사 단어와 구가 될 수 있다. 부사가 보어 다음에 나올 수 있는 것은 물론이다.

3형식 동사 뒤에는 반드시 목적어가 나와야 한다. 목적어가 될 수 있는 것은 명사이며 단어, 구, 절이 있다. 목적어 뒤에 동사하는 이유, 방법, 시간, 장소 등을 설명하는 부사가 올 수 있다.

4형식 동사 뒤에는 간접목적어와 직접목적어가 나와야 하는데 간접목적어는 단어인 명사가 주로 사용되며 또 인격적인 어떤 대상이 온다. 왜냐하면 뭔가를 주고, 가르쳐주고, 보내주고 할 때 대상이 주로 인격적인 사람이나 동물 등이 오기 때문이다. 때로는 무생물이 간접목적어로 오기도 하는데 그런 경우는 무생물이 인격화 되는 경우이다.

4형식에서 직접목적어는 3형식의 목적어와 같이 단어, 구, 절인 명사가 다 올 수 있다. 물론 직접목적어 뒤에 부사가 올 수도 있다.

영어 어순 요약 - 2

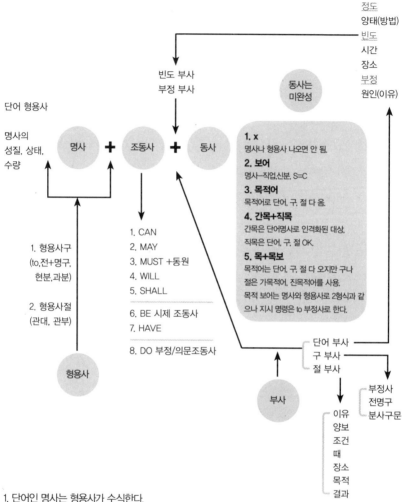

정도
양태(방법)
빈도
시간
장소
부정
원인(이유)

빈도 부사
부정 부사

동사는
미완성

단어 형용사

명사의
성질, 상태,
수량

명사 ➕ 조동사 ➕ 동사

1. x
명사나 형용사 나오면 안 됨.
2. 보어
명사–직업,신분, S=C
3. 목적어
목적어로 단어, 구, 절 다 옴.
4. 간목+직목
간목은 단어명사로 인격화된 대상.
직목은 단어, 구, 절 OK.
5. 목+목보
목적어는 단어, 구, 절 다 오지만 구나
절은 가목적어, 진목적어를 사용.
목적 보어는 명사와 형용사로 2형식과 같
으나 지시 명령은 to 부정사로 한다.

1. 형용사구
(to,전+명구,
현분,과분)

2. 형용사절
(관대, 관부)

1. CAN
2. MAY
3. MUST +동원
4. WILL
5. SHALL

6. BE 시제 조동사
7. HAVE

8. DO 부정/의문조동사

형용사

단어 부사
구 부사
절 부사

부사

부정사
전명구
분사구문

이유
양보
조건
때
장소
목적
결과

1. 단어인 명사는 형용사가 수식한다.
2. 동사는 부사가 수식한다.
3. 수식하는 아이들은 수식받는
   아이들 근처에 있으려고 한다. – 근접수식원칙
4. 동사는 미완성이다. – 보어나 목적어가 반드시 필요하다.

5형식의 경우는 동사 뒤에 목적어와 목적보어가 오는데 2형식과 마찬가지로 목적어의 직업, 신분, 목적어=목적보어를 나타내기 위해서 목적보어는 명사가 되고 목적어의 상태를 나타내기 위해 목적보어로 형용사가 온다.

목적어에 대한 지시, 명령, 요구, 허가 등을 표현하기 위해서는 목적보어로 부정사가 오며 동사가 지각 동사이거나 사역 동사일 때는 원형 부정사가 목적보어로 온다.

5형식에서 목적어로 단어, 구, 절인 명사가 올 수 있는데 주로 동사가 think, make, find 등과 같은 종류일 때는 목적어가 명사구나 명사절이 될 때 가목적어 it을 목적어 자리에 두고 뒤에 to 부정사나 that 명사절을 쓰기도 한다.

위에서 살펴본 바와 같은 영어의 어순은 평서문에서뿐 아니라 다른 종류의 문장에서도 지켜지는 일반적인 규칙임으로 잘 익혀두어야 한다.

옆에 보이는 영어 어순 차트는 모든 사항을 다 넣은 차트이다. 이 내용을 그려보고 또 다른 사람에게 설명할 수 있도록 숙지해둔다.

영어의 기본 원리

아래 그림은 영어의 기본 원리를 도표로 표현한 것이다. 영어의 기본 원리란 단어인 명사가 나오면 형용사가 명사 앞뒤로 나올 수 있다는 것과 동사가 나오면 자동사, 타동사를 구분해야 하고, 타동사 뒤에는 반드시 명사가 나와야 하며, 또 동사가 나오면 동사하는 이유, 방법, 시간, 장소를 설명하는 부사가 나올 수 있다는 원리를 말한다. 영어 문장은 어떤 문장이든지 이 원칙을 지키고 있다.

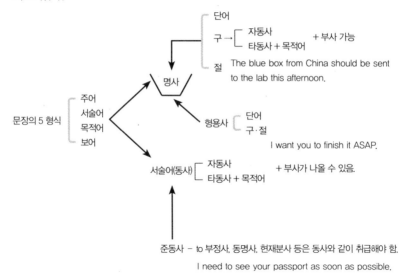

1. 명사의 기본 원리

단어인 명사는 주어, 목적어, 보어 혹은 전+명구에서 언제나 형용사를 앞이나 뒤에 취할 수 있는데 앞에 나오는 형용사는 단어인 형용사로 단어인 명사의 성질 상태 혹은 수량을 설명하고, 형용사구는 ①부정사 ②전+명구 ③현재분사구 ④과거분사구로 단어인 명사 뒤에 와서 각각의 다른 설명을 한다.

부정사가 명사 뒤에 나오면 앞으로 어떻게 할 명사라는 의미를 표현한다. "I have many things to do today"에서 보는 바와 같이 to do는 앞에 있는 things를 '읽어야 할'의 뜻을 나타낸다.

전+명구가 단어인 명사 뒤에 나오면 전치사의 의미에 따라 전+명구가 표현하는 바가 다른데 주로 명사의 위치와 방법 등을 표현한다. 예를 들면 "The computer on the desk is John's"에서 보듯이 on the desk는 앞에 있는 the computer의 있는 위치를 설명해주는 형용사구이다.

단어인 명사 뒤에 현재분사구가 나오면 그것은 명사가 능동적이며 진행 중임을 의미한다. 예를 들면 "The boy singing on the stage is my brother"라는 문장에서 singing은 현재분사로 앞에 있는 명사 the boy가 능동적으로 노래를 하고 있는 중임을 표현한다.

단어인 명사 뒤에 과거분사가 나오면 앞의 명사가 수동적으로 완료가 된 어떤 상태를 의미한다. 예를 들면 "The church built in 1597 was destroyed by the fire last night"라는 문장에서 built는 과거분사로 앞에 있는 명사 the church가 수동적으로 지어졌다는 것을 표현한다.

또 명사 뒤에 관계대명사가 올 수도 있다. "The man that I saw this morning was John's father"라는 문장에서는 The man을 that I saw this morning이라는 관계대명사절이 수식을 하고 있다.

"The reason why I don't like him is because he is lazy." 이 문장에서는 why 이하의 절이 관계부사로 앞에 있는 명사 the reason을 수식해준다.

이와 같이 단어인 명사가 나오면 그 명사 앞뒤로 형용사 단어, 구, 절이 나올 수 있다는 것을 알아야 한다. 또 영작을 할 때도 그렇게 사용할 수 있어야 한다. 어떤 상황에서 어떤 형용사를 쓸지는 연습을 통해 익숙해진다.

2. 동사의 기본 원리

동사가 나오면 자동사, 타동사를 구분해야 하고 타동사이면 그 뒤에 목적어가 나와야 하며 동사를 수식하는 부사가 나올 수 있다. 더 구체적으로 말하면 자동사가 나와도 불완전 자동사가 나오면 그 뒤에는 보어가 나와야 하지만, 완전 자동사가 나오면 그 뒤에는 목적어나 보어가 나올 수 없고 부사만이 나올 수 있다.

완전 타동사 뒤에는 목적어가 하나 나오며, 수여 타동사인 경우에는 간접목적어와 직접목적어가 나온다. 물론 불완전 타동사가 나오면 목적어와 목적보어가 나와야 한다.

타동사의 목적어로 명사구 즉 부정사, 동명사 혹은 의문사+부정사가 나오면 다시 자동사와 타동사를 구분해서 타동사이면 목적어가 나오게 된다. 물론 동사이니까 부사가 나올 수 있게 된다.

이런 원리를 영어의 기본원리라 불러 보았다. 정리하면 어떤 문장에서라도 단어인 명사가 나오면 앞뒤로 형용사가 나올 수 있다는 것과 동사가 나오면 자동사, 타동사를 구분해서 타동사이면 목적어가 나와야 하며 동사를 수식하는 부사가 나온다는 것이다.

부정사와 동명사 그리고 현재분사는 동사와 같이 취급해서 자동사와 타동사를 구분해야 하고 타동사이면 목적어, 그리고 부사가 나올 수 있다.

이 법칙을 구구단처럼 기억하고 자동적으로 처리할 수 있도록 연습해두어야 한다. 이것만 되면 많은 영어 문제가 해결될 것이다.

의문문의 종류

앞에서 평서문을 만드는 문장의 5형식에 대해서 생각해보았고 또 어순 차트와 영어의 기본 원리를 생각해보았다. 이번에는 평서문이 아닌 의문문과 기타 나머지 다른 종류의 문장을 어떻게 만드는지를 생각해보고자 한다.

영어는 토씨를 붙이지 않기 때문에 영어 단어의 어순이 중요하다고 했다. 평서문은 문장의 5형식의 규칙을 따라 만든다. 그렇다면 의문문, 감탄문, 기원문, 명령문 등은 어떤 규칙을 따라 만드는 것일까?

다른 종류의 문장도 기본적으로는 문장의 5형식을 따라 만들게 된다. 단, 이 문장이 평서문이 아니라는 것을 알리기 위해서 약간의 어순의 차이가 있고 말을 하는 억양에 차이가 있다. 평서문과 함께 의문문은 우리가 의사소통 하는 데 아주 중요한 역할을 하니 반드시 의문문에 대해서 잘 알고 있어야 한다. 우선 의문문에는 일반의문문과 특수의문문이 있다. 그 외에도 간접의문문, 부가의문문 그리고 선택의문문 등이 있다. 먼저 일반의문문과 특수의문문에 대해서 생각해보자.

1. 일반의문문

일반의문문은 상대방에게 자신이 말하는 내용이 진짜인지 아닌지를 알고자 해서 하는 의문문이다. '너 밥 먹었어? 너 100문장 다 외웠니? 너 의사니? 너 행복해? 너 아프니?'와 같은 종류의 질문이 일반의문문이다. 이런 종류의 의문문은 진짜인지 아닌지를 묻기 때문에 답이 '네, 아니오'라고 대답할 수 있다. ~인지 혹은 ~아닌지를 묻는 의문문은

① 상대방의 직업, 신분, 상태를 물을 때

be동사를 주어 앞으로 도치시켜서 만든다.

You are happy. → Are you happy?

You are a doctor. → Are you a doctor?

You are John's father. → Are you a John's father?

② 상대방에게 가능성, 허락, 의무, 의지 등을 물을 때

조동사를 주어 앞으로 도치시켜서 만든다.

You can play the piano. → Can you play the piano?

I may stay here. → May I stay here?

You must go there. → Must you go there?

You will be there for me. → Will you be there for me?

We shall go there together. → Shall we go there together?

③ 문장의 동사가 be동사나 조동사가 없는 문장

do, does, did 조동사를 사용해서 의문문을 만든다. 이 경우에는 의문문을 만들고자 하는 문장의 동사를 보아서 현재이고 주어가 3인칭 단수이면 does를, 동사는 현재이지만 주어가 3인칭 단수가 아니면 do를, 동사가 과거이면 did를 주어 앞으로 도치시킨다. 예를 들면 다음과 같다.

You like her very much. → Do you like her very much?

She likes you. → Does she like you?

You finished your project yesterday. → Did you finish your project yesterday?

여기에서 보듯이 do, does, did는 조동사이므로 그 뒤에 나오는 동사는 동사의 원형이 나온다. 일반의문문은 이와 같이 be동사나, 조동사 혹은 do, does, did를 주어 앞으로 도치시켜서 만들게 된다. 따라서 우리가 상대방의 직업, 신분, 상태 혹은 주어=보어를 묻는 상황이라면 be동사가 문장 앞으로 나가야 한다. 상대방의 가능성, 허가, 의무, 의지 등을 묻는 경우라면 그 경우에도 적절한 조동사가 문장의 앞으로 나가야 하며, 일반동사의 경우는 do, does, did가 문장 앞으로 나가야 한다는 것을 명심하고 연습해두어야 한다.

2. 특수의문문

특수의문문은 별명이 의문사 의문문이다. 의문사는 우리가 6하 원칙으로 부르는 누가, 무엇, 언제, 어디서, 어떻게, 왜라는 질문에 대한 정보를 질문하는 것이다. 따라서 이런 정보를 묻는 질문에는 '예, 아니오'로 답을 할 수 없다. 의문사 의문문은 질문하는 내용이 주어인가 아닌가에 따라 의문문을 만드는 방법이 다르다.

① 주어를 질문할 때

주어를 질문할 때는 평서문에서 주어가 사람이면 who, 사물이면 what으로 바꾸어주면 의문사 의문문이 된다. 예를 들면

· I bought this computer yesterday.

　→Who bought this computer yesterday? (주어가 사람)

· This car is very expensive.

　→What is very expensive? (주어가 사물)

② 목적어를 질문할 때

목적어를 모르는 경우에 목적어를 적절한 의문대명사로 바꾸고 그것을 주어 앞으로 도치시킨 뒤 나머지 문장을 일반의문문으로 만드는 방법으로 의문문을 만든다.

- I don't know that. → What I don't know → What don't I know?
- They don't know John. → Whom they don't know → Whom don't they know?
- I ate an apple last night. → What I ate last night → What did I eat last night?

③ 보어를 질문할 때

보어는 주어의 직업은 what, 주어의 상태는 how, 주어의 신분은 who로 질문한다. 목적절을 질문할 때와 마찬가지로 보어에 해당하는 의문사로 바꾸고 그것을 문장 앞으로 도치시킨 뒤 나머지는 일반의문문과 같은 방법으로 의문문을 만든다.

- He is my boss. → Who he is → Who is he?
- You are happy. → You are how → How you are → How are you?
- I am a doctor. → I am what → What I am → What am I?
- My point is that we have to go now. → My point is what → What my point is → What is my point?

④ 부사를 질문할 때

부사는 주로 동사하는 이유, 방법, 시간, 장소를 질문하는 것이므로 내용을
적절한 의문부사로 바꾸고 나머지 절차는 목적어를 질문할 때와 동일하게
하면 된다.

· I studied English last night. → I studied nglish when → When I
  studied English → When did I study English?

· I bought this for you. → I bought this why → Why I bought
  this → Why did I buy this?

· I went there by bus. → I went there how. → How I went
  there. → How did I go there?

· I will meet you there at 5. → I will meet you where at 5. →
  Where I will meet you at 5 → Where will I meet you at 5?

위의 예에서 보듯이 의문사 의문문은 의문사가 문장 앞으로 도치되며 나머
지는 일반의문문과 어순이 같다. 이것을 정리해보면 다음과 같다.

질문하는 것이 주어인 경우의 의문사 의문문

의문사 + 동사 + 평서문의 어순 Who + broke + the window?

나머지 경우

의문사 + be동사 + 주어 + 평서문의 어순 What + is + your + problem?

의문사 + did + 주어 + 평서문의 어순 What + did + you + want?

의문사 + 조동사 + 주어 + 평서문의 어순 Where + can + I + park my car?

의문사 + do + 주어 + 평서문의 어순 Why + do + you + like me?

의문사 + does + 주어 + 평서문의 어순 Whom + does + she + like?

의문사 + did + 주어 + 평서문의 어순 When + did + I + say that?

일반의문문은 위에서 보듯이 be, 조동사, do 조동사+평서문으로 볼 수 있다.

<u>Are</u> you a doctor?

<u>Can</u> you speak English?

<u>Did</u> you see that movie?

의문문의 어순은 다음과 같다. 이 도표의 내용은 반드시 기억해둔다.

의문문의 어순

❶ 의문사

Where	Be 조동사 Do Does Did	S + V + O ~ (평서문 어순) ?
Where		you happy?
What		you speak English?
Whom	Are	you love me?
Why	Can	you go last night?
How	Do	you do now?
When	did	you talk to?
	can	I go there again?
	did	
	should	

❷

WH + V + O ~ (평서문 어순) ?

Who is that?
What is missing now?
Who told you that?
What is your problem?

위의 차트에서 ①의 경우는 일반적인 의문문 경우로 단어인 의문사가 문장 앞으로 도치하며, 그 뒤에 be동사나 조동사 아니면 do 조동사가 나와서 의문문을 만들며 나머지는 평서문의 형태를 유지한다.

②의 경우는 주어가 의문사인 경우이다. 의문대명사 who 혹은 what이 주어가 되는 경우인데 평서문에서 주어를 의문대명사로 바꾸면 의문문이 된다. 이 차트는 문장의 5형식과 함께 반드시 기억해야 한다.

영어를 공부하면서 반드시 숙지해야 할 것 중에 하나가 의문문의 어순이다. 어순에 관해서는 문장의 5형식이라고 하는 평서문의 어순과 여기에 소개한 의문문 어순을 숙지하고 어떻게 배열되는지를 알고 있어야 한다.

그 다음에 알고 있어야 할 것은 단어, 구와 절이다. 다음에 설명하지만 문장 안에는 단어, 구와 절 밖에는 없다. 특히 구와 절에 대해서 알고 또 평서문과 의문문을 만들 때 어떻게 단어를 배열하는지를 안다면 영어를 잘하는 것은 매우 쉬워진다.

3. 간접의문문

간접의문문은 의문문이 명사절이 되어서 다른 문장의 일부가 된 것을 간접의문문이라 한다. 명사절을 만들 때 일반의문문은 접속사를 if나 whether를 사용한다 했고, 특수의문문을 명사절로 만들 때는 특수의문문이 갖고 있는 의문사를 그대로 사용한다고 했다. 따라서 간접의문문은 문장 속에 의문문을 갖고 있게 되고, 간접의문문 자체가 의문문이 아니어도 간접적으로 질문을 하는 효과를 나타낸다. 그래서 이런 종류의 문장을 간접의문문이라고 한다. 간접의문문이 사용되는 환경은 주로 주어가 뭔가를 모르거나 의아하게 생각하는 환경이다. 즉 '나는 ~ 인지 아닌지를 모르겠어' 혹은 '나는 ~ 인

지 아닌지가 의아하게 생각돼'는 식의 상황에서는 if나 whether의 명사절을
사용하며, '나는 주어가 왜 ~ 하는지 모르겠어'라든지 '나는 주어가 무엇을
~ 했는지 몰라'라는 식의 생각이 간접의문문으로 표현되는 것이다.

여기서 의문문이 다른 문장의 목적어, 주어, 보어로 사용되는 몇 가지 경우
를 살펴보자.

· if 명사절이 다른 문장에 목적어로 사용되는 경우

  I didn't know if she was a doctor.

· whether 명사절이 다른 문장에 목적어로 사용되는 경우

  I wonder whether John can go there by himself.

· who 명사절이 다른 문장에 목적어로 사용되는 경우

  Do you know who can go there?

· what 명사절이 다른 문장에 목적어로 사용되는 경우

  I asked him what he wanted.

· when 명사절이 다른 문장에 목적어로 사용되는 경우

  She asked me when they will come.

· how 명사절이 다른 문장에 목적어로 사용되는 경우

  Do you know how she went there?

· why 명사절이 다른 문장에 목적어로 사용되는 경우

  I didn't know why she didn't take that job.

· where 명사절이 다른 문장에 목적어로 사용되는 경우

  He asked me where she went.

· when 명사절이 다른 문장에 보어로 사용되는 경우

My question is when you will finish that project.

- whether 절이 다른 문장의 주어로 사용되는 경우

Whether or not your father is rich is not important at this time.

- what 절이 다른 문장의 주어로 사용되는 경우

What you did when you were in high school is very important at this time.

4. 부가의문문

부가의문문은 두 부분으로 되어 있는데 처음에는 평서문이 나오고 그 뒤에 짧은 의문문이 나온다. 상대방에게 평서문을 먼저 던지고 간단한 의문문을 질문하는 방식으로 회화체에서 많이 사용하는 의사소통 방법이다. 부가의문문을 만드는 방법은 자신이 말하고자 하는 바를 평서문으로 만들어 먼저 말한다. 그리고 그 평서문이 긍정이면 부정인 짧은 의문문을, 평서문이 부정이면 긍정인 의문문을 던짐으로써 상대방으로 하여금 yes 혹은 no를 하도록 유도한다.

뒤에 나오는 의문문은 일반의문문을 만드는 법칙을 따라 만들며 가능한 한 두 단어 이내로 만든다. 몇 가지 주의해야 할 점이 있는데 먼저 의문문의 끝을 올리면 앞에 말한 평서문의 내용이 진짜인지 아닌지를 모르고 말하는 것이다. 반대로 의문문의 끝이 내려오면 평서문의 내용을 화자가 아는데 그 내용을 상대방에게 확인하는 것이다. 나중에 어떻게 의문문을 영작하는지에 대해서 예문을 가지고 구체적으로 설명할 것이다.

또 평서문의 내용은 화자가 희망하는 내용을 담는다. 즉 화자가 희망하는 바

가 평서문에 있게 된다. 다음의 예를 보자.

- You like her, don't you?
- You didn't have dinner yet, did you?
- He is handsome, isn't he?

(*의문문 억양이 올라가면 – 그가 잘 생겼는지를 모름.

의문문 억양이 내려가면 – 그가 잘 생긴 것을 알지만 상대방의 동의를 구하는 것)

- He will come here soon, won't he?(*그가 올 것을 희망함.)

평서문의 명령인 경우에는 평서문의 긍정과 부정에 관계없이 부가의문문에
는 will you? 혹은 shall we?를 사용한다.

- Study hard, will you?
- Don't be a chicken, will you?
- Let the cat out, will you?
- Let's go out, shall we?
- Let's not do that, shall we?

부정문이 2개 단어로 축약되지 않으면 아래처럼 세 단어를 사용해도 된다.

- I am busy, am I not?
- I am a student, am I not?

감탄문, 기원문과 명령문

문장의 종류에는 평서문과 의문문 외에도 감탄문, 기원문 그리고 명령문이 있다. 앞에서도 지적했지만 우리가 영어를 못한다는 것은 막연하게 못하는 것이 아니다. 우리가 지금 다루고 있는 평서문, 의문문, 감탄문, 기원문, 명령문 등의 문장을 빨리 만들지 못하고 바르게 만들지 못하기 때문에 영어를 못하는 것이다. 영어를 잘하게 되는 것은 위의 5가지 종류의 문장을 바르게 또 빨리 만들면 영어를 잘하게 된다는 것을 명심하기 바란다.

먼저 감탄문에 대해 알아보도록 하자. 영어에서 감탄할 수 있는 것은 단어인 명사와 형용사와 부사이다. 단어인 명사를 수식할 때는 'What a'를 명사 앞에 붙여서 감탄문을 만들고, 형용사나 부사를 감탄할 때는 형용사나 부사 앞에 'How~'를 붙여서 감탄문으로 만든다.

① 명사를 감탄하는 경우

What a + gentleman + 주어 + 동사 → What a gentleman he is!

What a wonderful day (it is)!(*흔히 주어와 동사를 주로 생략하고 말한다.)

What a boy!

What a teacher!

What a tall girl she is!

② 형용사와 부사를 감탄하는 경우

How sweet it is!

How wonderful that is!

How fast that was!

How stupid that was!

How big that is!

How pretty the girl is!

평서문이 주어가 어떤 동작이나 상태에 있는 것을 표현하고 의문문이 상대방에게 화자가 관심이 있는 것을 알아내는 표현이라면 감탄문은 단어인 명사의 특수함에 놀람을 표현하는 문장이라 하겠다.

그에 비해 기원문은 소원하는 내용이나 소망을 표현하는 문장으로 현대 영어에서는 결혼식이나 기타 공식석상에서 사용되는 표현으로 기초 영어를 공부하는 이들에게는 사용할 기회가 그리 많지 않을 것이다.

가장 많이 볼 수 있는 기원문은 "May God bless you!"일 것이다. 이와 같이 일반적으로 평서문 앞에 'May'를 붙이면 기원문이 된다.

May you succeed!

May God lead your life!

문장의 종류에서 마지막으로 생각해볼 것은 명령문이다. 명령문은 말하는 대상에게 앞으로 뭔가를 하거나 하지 말 것을 요구하는 문장이다. 명령문에는 직접명령문과 간접명령문이 있는데 직접명령문은 동사원형으로 시작하고 간접명령문은 Let이나 Let's로 시작한다.

① 직접명령문

주로 주어를 생략하고 동사원형을 문장 앞에 둔다. 간혹 강조하기 위해서 주어를 사용하는 경우도 있다.

Be happy!

Memorize this at all times!

Go there at once!

Don't go there!

Don't be a chicken!

You, be the judge!(강조하는 경우)

② 간접명령문

간접명령문은 let이나 let's 등의 단어를 사용하는 명령문이다. let은 제 3자를 어떻게 하라는 명령이고, let's는 '자, 우리 어떻게 합시다'라는 식의 명령문이다.

Let him go!

Let us pray!

Let's stop it.

Let's see what is happening.

구의 사용

영어 문장을 만드는 요소는 단어, 구 그리고 절이다. 즉 영어 문장 안에는 단어, 구 그리고 절밖에 없다. 영어 단어는 영어학자들이 정해서 사전 속에 집어넣고 우리는 그것을 사용해서 문장을 만든다. 그러나 구와 절은 우리가 만들어 사용한다. 영어에는 형용사구, 부사구 그리고 명사구가 있고 절에도 형용사절, 부사절 그리고 명사절이 있다. 우리가 구와 절을 생각하면서 알고 있어야 할 것은 아래 세 가지이다.

첫 번째 것은 종류가 몇 개 있는지, 어떻게 만드는지 그리고 언제 사용하는지를 잘 알고 있어야 한다. 특히 말하기를 위한 영문법에서는 언제 사용하는지를 잘 알고 있어야 한다.

아래에 나오는 구의 차트는 형용사구, 부사구 그리고 명사구의 내용과 어떻게 해석해야 할지 혹은 어떤 생각이 떠오르면 어떤 구를 사용할지를 요약한 것이다.

다른 차트와 마찬가지로 이 내용을 숙지하고 하루에 세 번 정도 그려보라. '~ 때문에'라는 생각이 떠오르면 부사구의 부정사를 떠올려야 한다. 앞으로 나오는 예문을 보면 구체적으로 어떤 표현인지를 알 수 있을 것이다.

구는 주어가 없기 때문에 구를 나타내는 표현에서는 주어의 토씨인 "은, 는, 이, 가, 도"가 없다.

구의 종류와 의미

형용사구
- To 부정사 : ~할 명사
- (전+명)구 : ~있는 명사(주로 위치, 혹은 방법, 수단)
- 현재분사구 : ~하고 있는 명사
- 과거분사구 : ~되어진 명사

부사구
- 부정사
  - 이유 : ~때문에
  - 원인 : ~해서
  - 조건 : ~한다면
  - 목적 : ~하기 위해서
  - 결과 : ~한 결과
- 전+명구
  - 구체적인 장소 : ~라는 장소에
  - 구체적인 시간 : ~한 시간
  - 구체적인 방법 : ~한 방법
- 분사구문
  - 이유 : ~때문에
  - 양보 : ~이지만
  - 조건 : ~이라면
  - 때 : ~하는 때
  - 동시동작 : ~하면서

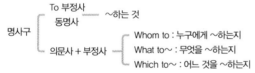

명사구
- To 부정사
- 동명사 : ~하는 것
- 의문사 + 부정사
  - Whom to : 누구에게 ~하는지
  - What to~ : 무엇을 ~하는지
  - Which to~ : 어느 것을 ~하는지
  - Why to~ : 왜 ~하는지 (*잘 사용하지 않는다)
  - How to~ : 어떻게 ~하는지
  - When to~ : 언제 ~하는지
  - Where to~ : 어디로 ~하는지

1. 형용사구

영어에서 형용사구는 네 가지 정도가 있으며 단어인 명사 뒤에 위치한다. 즉 후치수식한다.

① 부정사

단어인 명사 뒤에 위치하며 명사가 앞으로 어떻게 될 것인지 표현한다.

many books to read 읽어야 할 많은 책들

many things to do 해야 할 많은 일들

a promise to keep 지켜야 할 약속

② 전치사 + 명사구

앞에 있는 명사 단어의 위치와 수단, 방법 등을 표현한다.

the books on the table 책상 위에 있는 책들

the man with a newspaper 신문을 가지고 있는 사람

the man in black 검정색 옷을 입고 있는 사람

③ 현재분사구

현재분사가 타동사이거나 혹은 자동사이지만 부사를 취하는 경우에 단어인 명사 뒤에 위치하며 앞에 있는 명사가 능동적으로 동작하거나 뭔가가 진행 중인 것을 표현한다. 그러나 자동사인 경우에 부사를 취하지 않는 경우 현재 분사는 단어인 형용사가 되며 명사 앞에 위치한다. 즉 전치수식한다.

the man running in the park 공원에서 뛰고 있는 사나이

the girl playing tennis over there 저기에서 테니스를 치고 있는 소녀

the man talking with a cop 경찰과 이야기하고 있는 사나이

a drowning man 익사 중에 있는 사람(현재분사가 전치수식한다)

an interesting story 재미있는 이야기(현재분사가 전치수식한다)

all living things 모든 살아 있는 것(현재분사가 전치수식한다)

④ 과거분사구

명사 뒤에 위치하며 단어인 명사가 수동적으로 어떤 동작이 가해져 완료가
된 상태에 있는 명사를 표현한다. 현재분사와 마찬가지로 목적어나 수식어
를 동반하지 않으면 과거분사도 단어인 형용사로 사용되며 명사 앞에 위치
한다. 즉 전치수식할 수도 있다.

the church built in 1890 1890년에 지어진 교회

the house destroyed by the fire 화재로 망가진 집

the computer infected by the xyz virus xyz 바이러스에 감염된 컴퓨터

all wounded soldiers 모든 부상병

the boiled eggs 찐 달걀

the broken window 깨진 유리창

2. 부사구

부사구는 세 가지 정도가 있다. 부정사, 전+명구 그리고 분사구문이다. 부정
사는 형용사, 부사, 명사로 다 사용되기 때문에 문장에서 어떤 품사로 사용
되는지를 구분할 필요가 있는데 그 구분의 기준은 부정사가 형용사가 나와
야 할 자리에 나오면 형용사이고, 부사가 나올 자리에 부정사가 나오면 부사
이며, 명사가 나올 자리에 부정사가 나오면 명사이다.

형용사가 나와야 할 자리란 명사 앞뒤와 보어 자리이다. 부사가 나올 자리는
문장의 형식요소가 다 나온 뒤이며, 명사가 나올 자리는 주어, 목적어 그리
고 보어 자리이다.

부사구는 동사 뒤에 나와야 할 형식요소 즉 목적어나 보어가 다 나오고 난
뒤에 부정사가 나오면 부사로 볼 수 있다.

① 부정사

부정사는 부사로 사용되면 이유, 원인, 조건, 양보, 목적, 결과 등의 뜻을 나타낸다. 부사절도 위와 같은 뜻을 나타내지만 부사구는 주어가 없다는 것이 중요하다.

이유 : He must be foolish to make the same mistake again.

　　　 그는 같은 실수를 다시 하는 것을 보니 멍청한 것이 틀림없어.

원인 : I was very surprised to hear the news.

　　　 나는 그 뉴스를 들어서 매우 놀랐다.

양보 : To do his best, his patient died on the operating table.

　　　 그는 최선을 다했지만, 그의 환자는 수술대 위에서 죽었다.

조건 : I should be happy to finish this project by tomorrow.

　　　 나는 이 프로젝트를 내일까지 마친다면 매우 행복할 것이다.

목적: Sam went to the USA to see his family in Boston.

　　　 샘은 보스턴에 있는 그의 가족을 보기 위해서 미국에 갔다.

결과 : He grew up to be a great teacher.

　　　 그는 성장해서 좋은 선생이 되었다.

② 전+명구

전+명구가 부사구로 사용되면 구체적인 시간과 장소 그리고 방법 등을 나타낸다.

장소 : I will meet you at gate the number 7.

나는 너를 7번 게이트에서 만날 것이다.

시간 : The game will begin exactly at 12 o'clock.

그 게임은 12시 정각에 시작될 것이다.

방법 : I will always love you with all my heart.

나는 너를 언제나 나의 정성을 다해 사랑할 것이다.

③ 분사구문

분사구문은 부사절이 부사구가 된 것으로 이유, 양보, 조건, 때와 동시 동작 등의 표현을 한다.

이유 : Being poor, he couldn't buy the text book.

가난했기 때문에 그는 교과서를 살 수 없었다.

양보 : Admitting what you said, I still have to talk to your mom.

네가 말한 것을 인정한다 할지라도 나는 여전히 너의 엄마와 이야기해야 한다.

조건 : Turning to your right, you will see the drug store on your

left. 너의 우측으로 돌면, 너는 너의 좌측에 그 약국을 볼 것이다.

때 : Seeing me, John ran away the other day.

나를 보자마자 존은 전날 도망쳤다.

동시 동작 : Saying goodbye, John went away.

굿바이라고 말하면서 존은 사라졌다.

3. 명사구

명사구는 부정사, 동명사 그리고 의문사+부정사가 있다. 명사구는 동사를 포함하기 때문에 동사가 자동사인지 아니면 타동사인지를 파악하고 타동사이면 목적어를 취하고 또 동사를 포함하기 때문에 부사가 동사하는 이유, 방법, 시간, 장소를 설명하기 위해서 나올 수 있다는 것을 명심해야 한다.

부정사와 동명사는 둘 다 '~ 하는 것'이라는 뜻으로 사용되지만 부정사는 미래 지향적이거나 일반적인 것을 표현하는 데 사용되며 동명사는 과거 지향적이거나 구체적인 것을 표현하는 데 사용된다. 의문사+부정사는 의문사가 누구를, 무엇을, 어떻게, 언제, 어디서를 나타내므로 의문사+부정사는 누구를 동사하는지, 무엇을 동사하는지, 언제 동사하는지 등을 표현하는 데 사용된다.

① 부정사

주어, 목적어 그리고 보어의 자리에 온다. '동사 하는 것'이라는 의미로 사용되며 내용은 미래 지향적, 일반적인 의미를 표현한다.

미래 지향적 : I hope to see you again soon.

일반적 : To have a gun in Korea is illegal.

② 동명사

주어, 목적어, 그리고 보어 자리에 온다. 동사하는 것이라는 의미로 사용되며 내용은 과거 지향적, 구체적인 의미를 표현한다.

과거 지향적 : I remember seeing her somewhere.

구체적 : Having a gun in Korea is illegal.

③ 의문사+부정사

주어, 목적어 그리고 보어 자리에 올 수 있다. '누구를, 무엇을, 언제, 어디서, 어떻게 동사하는지'라는 의미로 사용되며 부정사를 포함하니까 부정사와 같이 미래 지향적이거나 일반적인 의미를 표현한다. Why to~는 실제 거의 사용하지 않는다. 의문사가 의문대명사일 때는 목적격만 취한다. 그리고 주로 의문사+부정사를 사용하는 동사는 인식 동사 종류가 많다. 그 이유는 의문사가 6하원칙을 의미하는데 그 자체가 질문을 나타내기 때문이다.

누구를 : I don't know whom to trust.
무엇을 : I don't know what to do.
언제　 : I know when to ask.
어디서 : I don't know where to go.
어떻게 : I don't know how to say this.

이 책을 통해서 우리 스스로 계속해서 물어야 할 것은 영어를 못한다는 것은 무엇인가이다. 영어를 잘 못하는 것은 어떤 문법이 어떤 표현을 하도록 하는지가 습관이 되지 않았다는 말이다. 그렇다면 영어를 잘하기 위해서 어떻게 해야 할까? 그것은 각 문법 항목을 가지고 어떤 영어를 하는가를 연습하고 습관화시키면 된다. 문법은 아는데 영어가 안 된다는 학생들이 많다. 그 이유가 바로 여기에서 말하는 영문법이 습관화 되지 않아서이다. 이 점을 곰곰이 생각해보기 바란다.

절의 사용

이번에는 영어의 절에 대해서 생각해본다. 영어에는 구와 마찬가지로 형용사, 부사, 명사 이렇게 세 개의 절이 있고 이것을 우리가 만들어 사용한다. 일반적으로 절은 문장의 앞에 단어를 붙여서 만든다. 어떤 절이든지 문장 앞에 단어를 붙여서 만드는데 이 앞에 붙이는 단어의 종류가 접속사라는 단어, 의문사라는 단어 그리고 관계사라는 단어이다.

절의 종류와 의미

형용사절
1. 관계대명사 (주어가 ~하는 사람) / (~을 하는 사람)
2. 관계대명사 (주어가 ~하는 사물)
3. 관계부사 (주어가 ~하는 이유)
4. 관계부사 (주어가 ~하는 방법)
5. 관계부사 (주어가 ~하는 시간)
6. 관계부사 (주어가 ~하는 장소)
7. 관계대명사 (What ~명사절) / (주어가 ~하는 것)

부사절
1. 이유 : 주어가 ~하기 때문에
2. 양보 : 주어가 ~이지만
3. 조건 : 주어가 ~한다면
4. 시간 : 주어가 ~하는 때
5. 장소 : 주어가 ~하는 곳에
6. 목적 : 주어가 ~하기 위해서
7. 결과 : 주어가 ~해서 ~하다

명사절
접속사 : that – 주어가 동사하는 것
If / Whether – 주어가 동사 하는지 아닌지

의문사 : 의문대명사 who –누가 동사하는지
의문대명사 what – 주어가 무엇을 동사하는지
의문부사 why – 주어가 왜 동사하는지
의문부사 how – 주어가 어떻게 동사하는지
의문부사 when – 주어가 언제 동사하는지
의문부사 where – 주어가 어디에 동사하는지

관계대명사가 이끄는 형용사절과 의문대명사가 이끄는 명사절은 뒤에 나오는 문장에서 명사가 하나 빠지는 불완전한 문장이다. 여기서 불완전하다는 것은 5형식 문장에서 필요한 주어나 목적어나 보어 중에 하나가 빠져서 완전한 5형식 문장을 만들지 못한다는 뜻이다.

여기에 보이는 차트는 구와 마찬가지로 형용사절, 부사절, 명사절의 전체를 요약해 놓은 것이다. 어떤 생각이 떠오르면 어떤 표현을 사용해야 하는지를 숙지하고 하루에 세 번 정도 그리고 설명해본다. 더 나아가서 이 내용을 구구단처럼 습관화시키는 것이 중요하다.

1. 형용사절

형용사절에는 관계대명사절과 관계부사절이 있다. 관계대명사절은 수식하는 명사가 사람이나 사물인 경우에 (즉 선행사가 사람이나 사물인 경우에) 사용하고 관계부사절은 수식하는 명사가 이유, 방법, 시간, 장소인 경우에 사용한다. 관계대명사절은 관계대명사 뒤에 나오는 문장에서 주어나 목적어 혹은 보어가 빠지는 불완전한 문장이라는 것을 주의한다.

① 관계대명사

선행사가 사람인 경우

I don't know the man <u>who is standing over there.</u>

나는 저기에 서있는 사람을 모른다.

People <u>who don't know English grammar</u> can't speak English fluently. 영어 문법을 모르는 사람은 영어를 유창하게 할 수 없다.

선행사가 사물인 경우

The computer that I bought the other day has no hard disk.
내가 전에 산 컴퓨터는 하드 디스크가 없다.

The classroom which I am taking English class in has 6
windows.
내가 영어 클래스를 택하는 교실은 6개의 창문이 있다.

The project which John worked on for two months has been
canceled without any explanation.
존이 2달 동안 일해왔던 그 프로젝트는 아무런 설명 없이 취소되었다.

② 관계부사

선행사가 이유, 방법, 시간, 장소인 경우 관계부사절은 완전하다.

Do you know the reason why she is crying now?
당신은 그녀가 우는 이유를 아나요?

I know how she went there. 나는 그녀가 어떻게 거기에 갔는지를 안다.

I know the way she went there. 나는 그녀가 그곳에 간 방법을 알고 있다.

Did the boss know the time when I finished the project?
보스는 내가 나의 프로젝트를 끝낸 시간을 아나요?

I forgot the name of the place where we are supposed to be
tonight. 나는 우리가 오늘밤 모여야 하는 장소의 이름을 잊었다.

형용사절은 명사에 대한 부연 설명을 이야기로 하는 것이다. 명사를 말하고
그것에 대한 부연 설명을 할 때 관계사절을 사용한다. 조심할 것은 관계대명

사절은 수식하는 명사를 뒤에 나오는 문장에서 **빼야** 한다는 점이고, 관계부사절은 뒤에 나오는 문장에서 수식하는 부사를 **빼야** 한다는 점이다.

2. 부사절

부사절을 만드는 단어는 접속사이다. 접속사 뒤에는 항상 완전한 문장이 따라 온다. 즉 완전한 문장 앞에 부사절을 만드는 접속사를 붙이면 그 표현은 부사절이 된다. 부사절은 주로 동사하는 이유, 양보, 조건, 때, 장소, 목적을 표현한다. 부사절에서 결과를 나타내는 접속사는 so ~ that 구문으로 알려진 표현인데 이 결과를 나타내는 부사절은 동사를 수식하는 것이 아니라 that 앞에 나오는 형용사 혹은 부사를 수식한다.

· 이유를 나타내는 접속사 : because

  I didn't pay the bill, because I was broke at that time.
  나는 청구서를 지불하지 못했다. 왜냐 하면 나는 그 당시 돈이 없었기 때문이었다.

· 양보를 나타내는 접속사: although, though, even if

  Though John was a nice man, he was very upset at the
  manager. 존은 매우 좋은 사람이었지만 그는 그 매니저에게 매우 화가 났다.

· 조건을 나타내는 접속사: if

  If he passes the exam, his father will buy him a new car.
  그가 그 시험에 합격하면 그의 아버지는 그에게 새로운 차를 하나 사줄 것이다.

· 시간을 나타내는 접속사: when

  When I was in Boston, I met her for the first time.
  내가 보스턴에 있을 때 나는 그녀를 처음으로 만났다.

- 장소를 나타내는 접속사: where

  You may go where you want to go.

  너는 네가 가기를 원하는 곳으로 가도 좋다.

- 목적을 나타내는 접속사: so that

  John had to save a lot of money so that he might be able to

  buy the car. 존은 그 차를 살 수 있게 되기 위해서 많은 돈을 저축해야만 했다.

- 결과를 나타내는 접속사: so ~ that

  He was so happy that he wanted to jump from the roof of the

  house. 그는 너무 행복한 나머지 지붕으로부터 뛰어 내리기를 원했다.

  (*이 경우에 that 이하는 happy를 수식한다. That 부사절이 형용사를 수식하는 경우이다.)

3. 명사절

명사절을 만드는 단어에는 접속사와 의문사가 있다. 즉 접속사 + 문장, 의문사 + 문장이 명사절을 만든다. 접속사에는 다시 두 가지 종류의 접속사가 있는데 that 그리고 if(혹은 whether)라는 단어이다. that은 평서문을 명사절로 만드는 단어이며 if(혹은 whether)는 일반의문문을 명사절로 만드는 단어이다. 왜 명사절을 만들까? 명사절은 그 자체가 문장이다. 즉 어떤 완전한 생각을 가지고 있는 것이 명사절이다. 우리는 때로는 어떤 생각을 우리 문장 속에 넣어서 말해야 할 때가 있다. 예를 들면 '나는 존이 미셸을 좋아한다는 것을 몰랐다'라는 문장에서 '존이 미셸을 좋아한다'는 것이 that으로 만드는 명사절이다.

때로는 '나는 존이 미셸을 좋아하는지 아닌지 모르겠어'라는 말을 할 때도 있는데 여기서 '존이 미셸을 좋아하는지 아닌지'는 if(혹은 whether)로 이끌어지는 명사절이다. if나 whether로 이끌리는 명사절은 일반의문문을 명사절로 만드는 경우이다.

아주 많이 사용하는 문장 가운데 '나는 언제 샘이 미국에 가는지 모르겠어'라는 식의 표현을 많이 보는데 '언제 샘이 미국에 가는지'는 의문사로 이끌어지는 명사절이다. 이와 같이 우리가 말할 때 어떤 사건 혹은 의견 등을 포함시키려면 명사절이 필요하게 된다. 의문사로 이끌리는 명사절은 특수의문문(의문사 의문문)을 명사절로 만드는 경우이다.

① 접속사 – 명사절

That 명사절

I didn't know that you went there alone.

나는 네가 그곳에 혼자 갔다는 것을 몰랐다.

If 명사절

I didn't know if she was a cop.

나는 그녀가 경찰이었는지 아닌지를 몰랐다. (if로 만들어지는 명사절은 목적절로만 사용한다.)

Whether 명사절

Whether(혹은whether or not, whether ~ or not) 절

Whether you are an American is not important at this time.

네가 미국인인지 아닌지는 이 시점에서 중요하지 않다.

My question is whether he is an American or not.

나의 질문은 그가 미국인인가 아닌가이다.

I don't know whether or not we can make it to the airport on time. 나는 우리가 제때에 공항에 도착할지 아닐지 모른다.

② 의문사 명사절

I asked him <u>what his problem was</u>. 나는 그에게 무엇이 문제인지를 물었다.

<u>Who broke this window</u> is the key to this problem.

누가 이 유리창을 깼는지가 이 문제의 핵심이다.

I don't know <u>what she wants</u>. 나는 그녀가 무엇을 원하는지를 모른다.

Do you know <u>when she came here</u>?

너는 그녀가 언제 여기에 왔는지를 아니?

I don't' know <u>where John went last night</u>.

나는 어제 저녁 존이 어디로 갔는지를 모른다.

Do you know <u>when we have to be there</u>?

너는 언제 우리가 그곳에 도착해야 하는지를 아니?

I don't know <u>why she is crying like that</u>.

나는 왜 그녀가 저렇게 울고 있는지를 모르겠다.

해석-번역과 직독직해

다른 사람들이 써놓은 글을 이해하는 것을 해석이라고 한다면 해석에는 두 가지 종류가 있다고 할 수 있다. 바로 번역과 직독직해가 그것이다. 사실 해석하는 방법은 영문법의 일부가 아니다. 해석하는 방법에 어떤 정해진 방법이 있는 것은 아니라는 말이다. 영어와 한국어를 잘하는 분들은 나름대로 해석하는 방법을 주장할 수 있다. 그 방법이 영어의 원래 뜻을 잘 표현할 수 있다면 그 방법은 해석의 방법으로 받아들여질 수 있다.

번역은 영어 문장을 우리나라 말 어순에 맞도록 해석하는 방법이다. 영어와 한국어와의 어순의 차이로 인해서 영어 문장을 거꾸로 해석해야 하는 문제점이 있지만, 시간을 두고 영어 문장을 보면서 한국어로 매끄럽게 번역해야 하는 환경에서는 그리 문제 될 것이 없다.

그에 비해 원어민의 말을 듣고 즉시 이해를 해야 하는 회화 환경에서는 어순을 거꾸로 하면서 해석을 하는 일이 거의 불가능하기 때문에 듣는 즉시 해석이 되어야 하고 또 읽는 즉시 해석이 되어야 이해가 가능하다. 그래서 읽는-듣는 즉시 이해가 되어야 하는 직독직해의 방법을 쓴다.

영어가 모국어가 아닌 외국인들이 영어를 해석할 때는 번역과 직독직해 두 가지 방법을 다 알고 있어야 한다. 책을 번역할 때나 영어를 한국어로 옮겨야 할 경우에는 번역의 방법을 사용하고, 회화나 듣기를 할 때 혹은 긴 문장을 해석해나갈 때는 직독직해 방법을 사용하는 것이 좋다. 특히 번역은 나중에 우리가 영작을 할 때 도움이 되므로 자세히 알아둘 필요가 있다.

1. 번역

번역은 영어 문장을 우리나라 어순에 맞도록 해석하는 것을 말한다. 영어는 주로 S+V+O(주어+동사+목적어)의 어순을 갖고 있는 반면에, 한국어는 S+O+V(주어+목적어+동사)의 어순을 갖고 있기 때문에 한국어로 제대로 이해되도록 영어를 읽게 되면 주어를 제일 먼저 하고, 다음 목적어, 동사는 제일 나중에 해야 한다.

이렇게 하게 되면 영어에서는 거꾸로 읽어야 하는 효율성의 문제가 생긴다. 그러나 이렇게 해석한 문장은 한국어 어순에 맞기 때문에 한국어 번역을 보면 자연스럽게 이해가 된다.

이런 영어 번역의 원리를 정리해보면 다음과 같다.

1형식, 2형식, 3형식 문장 :

① 주어를 해석하고 '은, 는, 이, 가'의 토씨를 붙인다.

② 문장 뒤로 가서 목적어를 찾으면 '을'이나 '를'의 토씨를 붙인다. 보어는 일반적으로 토씨가 없다.

③ 동사는 1형식은 '있다' '없다' 혹은 '한다'의 토씨를 붙이고, 2형식은 '이다' 아니면 '입니다'의 토씨를 붙인다. 동사가 과거이면 한국어에는 'ㅆ'이 붙게 된다. 3형식 동사에는 '~한다'라는 토씨가 붙게 된다.

④ 일반적으로 영어의 부사는 한국어에 'ㅔ,ㅗ,ㅣ'의 모음 토씨를 붙이고, 영어의 형용사에는 한국어 'ㄴ, ㄹ' 등의 자음 토씨를 붙인다.

⑤ 수식하는 단어들은 수식을 받는 단어들보다 먼저 해석한다.

⑥ 전치사와 접속사는 토씨이므로 단위 표현에서 가장 나중에 해석한다. 전치사와 접속사는 각각의 단어에 따라 의미가 다르기 때문에 전치사와 접

속사에 따라 적절한 토씨를 적용한다.

⑦ 의문사는 소속되어 있는 표현 안에서 가장 먼저 한다.

이제 예문을 번역하는 순서대로 적어 분석한다.

1형식 문장

John worked very hard.

John → very hard → worked(번역하는 순서)

존은 매우 열심히 일했다.

I went to John's house

I → to John's house → went

나는 존의 집으로 갔다.

2형식 문장

John's father is a famous doctor around here.

John's father → around here → a famous doctor → is

존의 아버지는 이 근처에서 유명한 의사이다.

John became a great teacher.

John → a great teacher → became

존은 위대한 선생이 되었다.

3형식 문장

I don't know what to say.

I → what → to say → don't know

나는 무엇을 말해야 할지 모른다.

I didn't know that you went there alone.

I → you → alone → there → went → that → didn't know

나는 네가 혼자서 그곳에 갔다는 것을 몰랐다.

4형식 문장은 1~3형식과 같은 방법으로 번역할 수 있으나 한국어는 간접목적어를 먼저 말하는 경향이 있기 때문에 주어, 부사, 간접목적어, 직접목적어 순으로 번역을 해야 하는 번거로움이 있다. 그러나 '~을 ~에게'라고 번역을 해도 이해하는 데는 지장이 없음으로 1~3형식과 같이 주어를 먼저 해석하고 문장 끝으로 가서 부사부터 동사까지 거꾸로 해석을 해도 번역하는 데는 지장이 없다.

4형식 문장

John gave Michelle a book last night.

John → last night → Michelle → a book → gave

존은 어젯밤에 미셸에게 한 권의 책을 주었다.

John taught me how to change the filter.

John → me → how to change the filter → taught

존은 나에게 어떻게 필터를 바꾸는지를 가르쳐주었다. (의문사+to부정사 해석은 나중에 나온다)

5형식은 1~4형식과는 다른데 5형식은 주로 목적어의 직업, 신분, 상태 혹은 목적어에 대한 지시, 명령, 허가, 요구 등을 표현하는 것이기 때문에 주 행동자는 목적어이다. 그래서 목적어, 목적보어 그리고 뒤에 나오는 부사를 3형식처럼 보고 번역을 하면 된다. 따라서 5형식은 주어 → 목적어 → 부사 → 목적보어 → 동사의 순서로 번역을 하면 된다.

5형식 문장

I asked John to close the window before he goes to bed.

I → John → before he goes to bed → to close the window → asked

나는 존에게 그가 잠자러 가기 전에 창문을 닫을 것을 요청했다.

I saw John cross the road this morning.

I → John → this morning → cross the road → saw

나는 존이 오늘 아침에 길을 건너는 것을 보았다.

2. 직독직해 방법

직독직해 해석법은 한국어 어순에 맞추어 해석하기보다는 영어 문장을 좌측으로부터 읽어 나오면서 즉시 해석하는 방법인데 읽는 대로 해석을 하기 때문에 이해를 하는 면에서는 아주 효율적인 방법이 된다. 그러나 직독직해를 하는 방법을 그대로 다른 사람들에게 전하면 다른 사람이 이해하는 데 문제가 생길 수도 있다. 따라서 다른 사람들에게 어떤 문장을 설명할 때는 좀 다듬어서 설명하는 것이 좋다.

직독직해도 문법적인 이해를 기본으로 한다. 단지 동사와 같은 것을 거꾸로 돌아서 해석하거나 전치사나 접속사를 뒤돌아 가서 해석하지 않으므로 좌측으로부터 읽어 나가면서 한번에 해석을 하게 된다. 직독직해의 가장 큰 요점은 뒤로 가서 해석을 하지 않는다는 원칙이다. 그러나 2~3 단어는 머리속에서 번역을 해도 된다. 중요한 것은 좌측으로부터 문장을 읽어서 문장이 끝났을 때 그 의미가 정확하고 빠르게 이해가 되는 것이 중요하다.

우선 직독직해를 하려면 후치 형용사, 전치사, 접속사, a of b 등을 어떻게 해석하는지를 먼저 생각해두는 것이 좋다. 그리고 타동사를 만나면 타동사 뒤에 '무엇을?'이라는 질문을 하고 문장에서 답을 읽는다.

I like her very much. →나는 좋아한다 (누구를?) 그녀를 매우 많이

I ate an apple last night. →나는 먹었다 (무엇을?) 사과를 어제 저녁에

후치 형용사는 형용사를 읽기 전에 '어떤?'이라는 질문을 내가 하고 문장에 나오는 단어를 읽으므로 그 질문에 대한 답을 받아내는 식으로 문장을 읽어 나간다.

I have a lot books to read. →나는 가지고 있다. (무엇을?) 많은 책을 (어떤?) 읽을.

I have a book that I got from Michelle. 나는 가지고 있다 (무엇을?) 책을 (어떤?) 내가 받았다 (누구로부터?) 미셸로부터

전치사와 접속사도 적절한 질문을 한다. that 명사절은 '어떤 것을?'이라는 질문을 하고 답을 문장으로부터 얻는다.

There is a book on the table. → 있다. 책이 (어디에?) 책상 위에

I wonder if John can go there on time. → 나는 의아히 생각한다. (무

엇을?) 인지 아닌지를 존이 갈 수 있을지 그곳에 제때에.

기초영어를 배울 때는 번역과 직독직해를 둘 다 익혀야 한다. 문장을 많이 읽고 번역을 하다 보면 직독직해의 틀이 잡히게 된다. 쉬운 문장부터 많이 읽고 번역을 해보라. 그러면 문장을 보는 순간에 이 문장이 어떤 표현인지를 알게된다. 문장을 보면서 표현의 의미를 알게 되면 영어와 친숙해진 것이다. 그러나 잊지 않아야 할 것은 우리가 최종적으로 사용하게 되는 것은 직독직해의 방법이라는 것이다. 문장을 읽거나 들었을 때 빨리 정확하게 이해를 하는 것이 중요하다.

번역의 이점 중에 하나는 번역을 잘하게 되면 기초 영작도 쉽게 될 수 있다는 것이다. 물론 우리가 영어를 할 때마다 영작을 하듯이 하지는 않지만 기초적인 영어를 연습할 때는 번역과 영작 같은 것을 많이 연습해두는 것이 좋다.

아래에서는 아주 쉽고 기본이 되는 50개의 문장을 갖고 번역 연습을 시도해볼 것이다. 먼저 영어 문장을 제시하고 번역된 한국어 문장을 달았다. 맨 아래는 번역하는 단어의 순서대로 영어 단어들을 나열한 것이다. 먼저 독자 스스로 제시된 영어 문장을 해석해보고 잘 안 되는 경우에 맨 아랫줄에 나오는 번역하는 단어의 순서를 참고해서 번역을 해보라. 순서가 생소할지도 모르지만 계속 이 연습 문장들을 갖고 연습해보면 금방 이 법칙에 익숙해질 것이다. 다음 장의 영작에서도 이 번역 순서는 한번 더 강조되니 여기서 어느 정도 익숙해지도록 하자. 자신이 먼저 해보고 책의 내용을 비교해보자.

1. Something unthinkable has occurred.

생각할 수 없는 어떤 일이 일어났습니다.

→ unthinkable Something | has occurred

2. Mr. Jung died.

정씨가 죽었습니다.

→ Mr. Jung | died

3. Birds sing.

새들은 노래합니다.

→ Birds | sing

4. John worked very hard.

존은 매우 열심히 일을 했습니다.

→ John | very hard | worked

5. I went to church on Sunday.

나는 일요일에 교회에 갔습니다.

→ I | on Sunday | to church | went

6. I was at the church then.

나는 그 당시에 교회에 있었습니다.

→ I | then | at the church

7. I have to go to John's house.

나는 존의 집에 가야만 합니다.

→ I | to John's house | go have to

8. John's house is on the hill.

존의 집은 언덕 위에 있습니다.

→ John's house | on the hill | is

9. The computer that you gave me works well.

당신이 나에게 준 그 컴퓨터는 잘 작동합니다.

→ you | me | gave | the computer | well works

10. Here is what you ordered.

여기에 당신이 주문했던 것이 있습니다.

→ Here | you ordered | what is

11. The baseball game was exciting.

그 야구 경기는 재미있었다.

→ The baseball game | exciting | was

12. The water in the pot is boiling.

냄비의 물은 끓고 있는 중입니다.

→ in the pot | the water | is boiling

13. Michelle is an artist.

미셸은 예술가입니다.

→ Michelle | an artist | is

14. She is very beautiful.

그녀는 매우 아름답습니다.

→ She | very beautiful | is

15. John's plan is to take Michelle to Egypt as soon as possible.

존의 계획은 가능한 한 빨리 미셸을 이집트로 데려 가는 것입니다.

→ John's plan | as soon as possible | to Egypt | Michelle | to take | is

16. The only thing you have to remember is to do your best in every situation.

당신이 기억해야 할 단 한 가지 것은 모든 경우에 있어서 당신의 최선을 다하는 것입니다.

→ You | remember | have to | the only thing | in every situation | your best to do | is

17. All you have to do is follow the instructions.

당신이 해야 할 모든 것은 지시를 따르는 것입니다.

→ you | do | have to | all | the instructions | follow | is

_____

18. John and Michelle are both in sad moods.
존과 미셸은 둘 다 슬픈 기분입니다.

→ John and Michelle | in sad moods | both | are

_____

19. The main question at this time is whether John should go there or not.
이 시점의 주요 질문은 존이 그곳에 가야 하는지 아닌지입니다.

→ at this time | the main question | whether | John | there | go should or not | is

20. That was what they needed in order to treat the monkey properly.
그것이 그들이 원숭이를 제대로 치료하기 위해서 필요한 것이었습니다.

→ That | they | properly | the monkey | to treat | in order to | needed was

_____

21. Richard made a big mistake.
리처드는 큰 실수를 저질렀습니다.

→ Richard | a big mistake | made

_____

22. Richard always kept his promises.
리처드는 그의 약속을 항상 지켰습니다.

→ Richard | his promises | always | kept

23. I didn't know that you liked her so much.

나는 네가 그녀를 그렇게 좋아하는지를 몰랐다.

→ I | you | so much | her | liked | that | didn't know

24. I know when to stop.

나는 언제 정지해야 하는지를 압니다.

→ I | when | to stop | know

25. I know how to use this machine.

나는 이 기계를 어떻게 사용해야 하는지를 압니다.

→ I | how | this machine | to use | know

26. Richard doesn't know when he has to go home.

리처드는 그가 집에 가야 하는 때를 모릅니다.

→ Richard | when | he | home | go | has to | doesn't know

27. Richard said that he was very hungry.

리처드는 그가 매우 배고프다고 말했습니다.

→ Richard | he | very hungry | was | that | said

28. I wonder if Richard can get home by 5.

나는 리처드가 5시까지 집에 갈 수 있는지를 의아히 생각한다.

→ I | Richard | by 5 | home | can get | if | wonder

---

29. Richard takes care of all his animals whenever possible.

리처드는 가능할 때마다 그의 모든 동물들을 잘 보살핍니다.

→ Richard | whenever possible | all his animals | takes care of

---

30. John bought a nice ring for Michelle on her birthday.

존은 그녀의 생일날에 미셸을 위해서 좋은 반지를 사주었습니다.

→ John | on her birthday | for Michelle | a nice ring | bought

31. Michelle gave John a walnut.

미셸은 존에게 한 개의 호두를 주었습니다.

→ Michelle | John | a walnut | gave

---

32. I will tell them the true story if they ask me.

나는 그들이 나에게 묻는다면 그들에게 사실을 말할 것입니다.

→ I | they | me | ask | if | them | the true story | will tell

---

33. Please show me your picture-ID.

나에게 당신의 사진 증명서를 보여주세요.

→ Me | your picture-ID | show

34. John gave Michelle flowers which he got from the flower stand at the corner.

존은 미셸에게 그가 모퉁이에 있는 꽃가게에서 산 꽃을 주었습니다.

→ John │ Michelle │ he │ at the corner │ from the flower stand │ got flowers │ gave

35. The doctor showed Richard how to send the test results to his office.

의사는 리처드에게 어떻게 테스트 결과를 그의 사무실로 보내야 하는지를 보여주었습니다.

→ The doctor │ Richard │ how to │ his office │ the test result │ to send │ showed

36. Michelle informed John when to call her.

미셸은 존에게 언제 그녀에게 전화를 할지를 알려주었습니다.

→ Michelle │ John │ when │ her │ to call │ informed

37. Michelle told me how happy she was.

미셸은 나에게 그녀가 얼마나 행복한지를 말했습니다.

→ Michelle │ me │ how happy she was │ told

38. John taught Michelle how to use the e-mail system.

존은 미셸에게 어떻게 이메일 시스템을 사용하는지를 가르쳐주었습니다.

→ John | Michelle | how | e-mail system | to use | taught

---

39. John told Michelle where he was going to stay in Egypt.

존은 미셸에게 그가 이집트에서 어디에 머물지를 말했습니다.

→ John | Michelle | where | he | in Egypt | stay | was going to | told

---

40. Richard told John that he didn't know what he was supposed to do when the monkey was sick.

리처드는 존에게 그는 원숭이가 아플 때 그가 무엇을 해야 하는지 모른다고 말했습니다.

→ Richard | John | he | the monkey | sick | was | when | what he | do was supposed to | that | told

---

41. John never lets his parents down.

존은 그의 부모님이 실망하도록 하지 않습니다.

→ John | his parents | down | never | lets

---

42. They call me Sam.

그들은 나를 샘이라고 부릅니다.

→ They | me | Sam | call

---

43. John saw the monkey running.

존은 원숭이가 뛰고 있는 것을 보았습니다.

→ John │the monkey │running │saw

---

44. Richard found the monkey crying at the corner of the cage.

리처드는 원숭이가 철창 구석에서 울고 있는 것을 발견했습니다.

→ Richard │the monkey │at the corner of the cage │crying │found

---

45. The doctor wanted Richard to visit his office this afternoon.

의사는 리처드가 이날 오후에 그의 사무실을 방문할 것을 원했습니다.

→ The doctor │Richard │this afternoon │his office │to visit │wanted

---

46. John asked Richard to wait one more day before he put the monkey somewhere else.

존은 리처드가 그가 원숭이를 다른 곳에 넣기 전에 하루를 더 기다릴 것을 요구했습니다.

→ John │Richard │he │else somewhere │the monkey │put │before one more day │to wait │asked

---

47. Michelle thinks it difficult to stay in Egypt for 5 years.

미셸은 이집트에 5년간 머문다는 것이 어려운 것으로 생각한다.

→ Michelle | for 5 years | in Egypt | to stay | difficult | thinks

48. They kept it a secret that the monkey had a virus which can kill people.

그들은 원숭이가 사람을 죽일 수 있는 바이러스를 가지고 있다는 사실을 비밀로 했습니다.

→ They | the monkey | people | could kill | a virus | had that a secret kept

49. John made it clear that he disagreed to what the doctor proposed.

존은 그가 의사가 제안한 것에 동의하지 않는다는 것을 명확하게 했습니다.

→ John | he | the doctor proposed | what | disagreed to that clear made

50. I often heard it said that practice makes perfect.

나는 연습이 완전을 만든다는 것이 말해지는 것을 자주 들었습니다.

→ I | practice | perfect | makes | that | said | often heard

영문법 실전 1단계

맞으면서 는다! 영작 스파링

실전 영어 작문 200문장

4장은 본책의 하이라이트와도 같은 부분이다. 1단계 - 한국어 50문장 영작, 2단계 - 수식어와 절을 익히는 영어 50문장, 3단계 - 동사와 조동사를 익히는 영어 50문장, 4단계 - 의문문을 익히는 영어 50문장 등 총 4단계에 걸쳐 200문장을 제시해 놓았다. 각 단계마다 다뤄야 하는 대상에 맞는 적합한 방식으로 문장들을 해부하고 꼼꼼한 설명을 달아놓았다. 이 장에서 제시하는 200문장과 거기에 달린 설명들을 충분히 '내것'으로 만든다면 영문법과 영작에 자신감을 가져도 좋을 것이다.

영작이 쉬워지는 체크 노트

영작에는 세 단계가 있다.

① 한국어를 보고 영작하는 단계

② 한국어 문장의 음성을 듣고 영작하는 단계

③ 생각이 떠오르면 영작이 되는 단계

먼저 주어진 한국어 문장을 보고 영작을 하는 단계는 기초적인 단계이다. 한국어로부터 영작하는 것은 우선 한국어 문장을 읽어 나가면서 이 문장이 어떤 형식의 문장인지를 파악하는 것이 필요하다. 결국 우리가 할 수 있는 것은 평서문에서는 1~5형식 안에 있는 문장을 영작하는 것이고, 의문문이라면 일반의문문, 특수의문문, 간접의문문에 대해서이다. 따라서 한국어 문장을 읽으면서 문장 끝부분에 있는 동사를 보고 이 문장이 몇 형식인지 분간하고 전체적인 문장의 영작 방법을 파악해야 한다.

영작을 잘하기 위한 연습 단계는 다음과 같다.

① 우리의 생각(문장)이 몇 형식인지를 분별해서 주어, 서술어, 목적어, 보어 그리고 부사 등의 수식어가 어떻게 배열되는지를 파악한다. 주어는 토씨가 '은, 는, 이, 가'이며 동사는 주로 한국어의 맨 나중에 나온다. 동사 부근에는 조동사가 나올 수 있다. 몇 형식인지는 한국어 표현에서 동사를 잘 살펴보면 몇 형식인지 금방 알게 된다. 동사가 자동사인지 타동사인지를 아는 것이 급선무이다.

② 한국어로 표현된 주어, 목적어, 보어가 명사 단어인지, 명사구인지, 명사
절인지를 파악한다.

③ 단어인 명사가 사용되어야 한다면 형용사가 그 명사를 수식하고 있는지
를 본다. 만일 형용사가 수식을 하고 있다면 그것이 형용사 단어인지, 형
용사구인지, 아니면 형용사절인지를 파악한다.

④ 마지막으로 동사를 수식하는 부사의 표현이 있는지 보아야 한다. 한국어
표현에 부사가 있다면 그것이 부사 단어인지, 부사구인지 혹은 부사절인
지를 파악하고 5형식에 맞도록 단어, 구, 그리고 절을 배열하면 영작이 되
기 시작하는 것이다.

물론 우리가 실제로 영어를 할 때 매번 이런 과정을 통해서 영작을 하는 것
은 아니다. 우리가 추구하는 상태는 어떤 생각이 떠오르면 영어로 말을 하게
되는 것이지만, 처음에 영어를 배우는 경우에는 앞에서 제시한 네 단계를 통
과하면서 영작에 익숙하게 되는 것이다. 반복해서 말하는 것이지만 이런 방
법으로 2000~3000 문장을 영작하게 되면 한국어 문장을 보는 즉시 영작
이 될 것이다. 이 책의 자매책인 『50english 3650단어』(가제, 2010년 출간 예
정)에 나오는 문장을 해석-영작해보는 것이 효과적일 것이다.

이제부터 구체적인 예를 들어서 설명해보도록 하자. 자, 어떤 생각이 떠올랐
다. 그 생각은 다음과 같다. 우리는 이 생각을 영어로 영작하고 또 영어로 말
을 해야 한다.

생각 1: 나는 학생이다.

① 몇 형식인가? 동사를 본다. 동사는 '이다'. 나는 학생이라는 나의 직업을

말하는 표현이다. 주어의 직업을 표현하기 위해서는 2형식을 사용해야 하며 주어+동사+보어의 배열을 따라야 한다. 동사는 존재를 이야기하는 be동사이다.

② 주어나 보어는 단어이다. 주어=I, 보어=a student가 된다.

③ 단어인 명사에 형용사는 없다.

④ 한국어 표현에 부사는 없다.

⑤ 따라서 영작은 I am a student가 될 것이다.

생각 2: 나는 이 프로젝트를 이번 달 말까지 끝내기를 원한다.

① 몇 형식인가? 동사를 보라. '원한다'는 3형식이다. 무엇을 원하고 있는 걸까.

② 주어는 '나'이므로 I이다. 목적어는 끝내기를 원하고 있음으로 이것은 명사구이다. to finish이며 타동사이기 때문에 당연히 목적어인 this project가 따라 와야 한다. to finish this project.

③ 단어인 명사에 형용사는 없다.

④ 한국어 표현에 시간을 나타내는 표현이 있다. '이번 달 말까지'라는 표현은 by the end of this month이다.

⑤ 따라서 영작은 I want to finish this project by the end of this month가 된다.

생각 3: 나는 올림픽에서 금메달을 딴 사람을 만나기 위해서 시청에 10시까지 가야만 한다.

① 몇 형식인가? 동사를 본다. 동사는 '간다'이므로 1형식이다.

② 주어는 I이다. 1형식에는 목적어나 보어가 없다.

③ '올림픽에서 금메달을 딴 사람'이라는 표현에서 형용사절로 표현되어야 할 한국어가 보인다. 즉 the man who won a gold medal in the Olympics

④ 한국어 표현에 '만나기 위해서'라는 표현과 '시청에 10시까지'라는 이유와 장소 그리고 시간의 부사 표현이 보인다. 즉 to the city hall by 10 o'clock이라는 부사 표현이 들어가게 된다.

⑤ 전체 영작은 I have to go to the city hall by 10 o'clock to meet the man who won a gold medal in the Olympics.

위의 예는 제한적인 것이지만 우리가 영작을 잘 또 빠르게 할 수 있기 위해서는 한국어의 어떤 표현이 영어의 어떤 표현이 되는가를 빨리 구현하는 것이 절대적으로 필요하다는 것을 보여주고 있다. 그래서 우리는 한국어 표현을 영어로 바꾸는 작업을 훈련해서 어떤 생각이 떠오르면 영어 표현으로 1~3초 안에 바꾸어 영어로 말하는 훈련을 해야 한다.

다시 반복하는 이야기이지만 모든 영작을 이와 같이 해야 한다는 것은 절대로 아니다. 이 책을 사용하는 중학생이나 고등학생들이 기초 영어를 배울 때 어떻게 하면 나의 생각을 영어로 바꾸는지에 관한 것을 말하는 것이다. 이런 방법으로 자신의 의사를 표현하기 시작하면서 점차적으로 표현할 수 있는 생각의 범위가 넓어지게 되고 표현하는 방식도 늘어나게 되면 그만큼 영작하는 시간도 단축되어 유창한 영어를 구현하게 되는 것이다.

중요한 것은 아주 기초적인 생각을 영어로 표현하지 못하면서 어느 날 갑자기 유창한 영어를 하게 되리라고 생각해서는 안 된다는 것이다. 따라서 여기에 나오는 기초 영작 훈련을 충실하게 준비하라. 앞으로 450문장 정도를 훈련하게 될 것이다. 한국어를 보거나 듣고 1~3초 이내에 영어로 말을 하는 훈련을 하게 되면 3~6개월 이내에 대부분의 생각을 영어로 표현하게 되고 영어로 말을 하게 된다.

문법을 잘해도 영어를 못하는 학생들을 많이 보게 되는데 그 이유는 우리가 말하고자 하는 생각이 어떤 문법을 사용해서 영작을 해야 하는지를 모르기 때문에 영어가 안 되는 것이다. 생각이 떠오르면 그것이 어떤 문법을 사용해서 표현해야 하는지를 습관화시키면 원어민과 같은 정도의 영어를 하게 된다.

우선 지금까지 공부해왔던 '구'와 '절'에 대해서 어떻게 영작을 할지를 생각해 보자.

제일 먼저 독자가 파악해야 할 것은 우리의 생각(한국어 문장)이 몇 형식의 문장인가이다. 몇 형식인가는 우리에게 주어, 서술어, 목적어, 보어의 기본적인 배열을 알려주기 때문에 반드시 선행되어야 한다.

몇 형식에 속하나? → 동사 혹은 서술어를 보면 몇 형식인지 알게 된다.

주어 : '은, 는, 이, 가, 도'라는 토씨를 갖고 있는 표현이다.

서술어

1형식 – 있다, 없다.

2형식 – 이다, 입니다.

3형식 – ~을 한다.

4형식 – ~에게 ~을 한다.

5형식 – 목적어의 직업, 신분 상태가 ~이다.

　　　　목적어에게 ~라는 지시, 명령, 허가, 요구를 한다.

목적어 : 간접목적어 – 주로 사람이며 ~에게라는 표현을 갖는다.

　　　　직접목적어 – ~을, ~를의 표현이다.

조동사

∼ 할 수 → can

∼ 해도 된다 → may

∼ 해야만 한다 → must

 ∼ 할 것이다 → will

∼ 일리가 없다 → can

∼ 일지도 모른다 → may

∼ 임에 틀림이 없다 → must

∼ 일 것이다 → will

위와 같은 한국어 표현을 주의해 보면서 우리의 생각이 몇 형식인지를 분간
할 수 있어야 한다. 문장의 5형식을 구분하는 데는 수식어가 포함되지 않는
다. 단어인 명사를 수식하는 형용사나 주로 동사를 수식하는 부사는 몇 형식
인가를 구분하기 위해서는 고려하지 않는다.

몇 형식인가를 분간하는 것 이외에도 형용사나 부사나 명사에 구나 절이 들
어있는지를 파악해야 한다. 한국어의 표현이 영어의 구나 절로 표현되어야
하는 복잡한 경우가 생길 수 있기 때문에 이 점을 확실하게 훈련해야 한다.
한국어 문장 표현을 들을 때 몇 형식이며 한국어 표현이 단어인지 구인지 절
인지를 분명하게 구분하지 못하면 영작을 빠르게 하지 못하게 된다.

다음에서 어떤 한국어 표현이 어떤 영어의 구가 되는지 살펴본다.

형용사구(주어 토씨 "은, 는, 이"가 없다)

① ∼ 할 명사 → to 부정사

② ∼ 에 있는 명사 → 전+명구, 혹은 ∼와 같이 있는 → 전+명구

③ ∼ 중에 있는 명사 → 현재분사

④ ∼ 된 명사 → 과거분사

① ~ 하기 때문에 → to 부정사

② ~ 때문에(감정의 원인) → to 부정사

③ ~ 이지만 → to 부정사

④ ~ 하기 위해서 → to 부정사

⑤ ~ 한 결과 ~이다 → to 부정사

⑥ ~ 하기에 너무 ~ 하다 → too ~ to 부정사

⑦ ~ 하기에 충분히 ~ 하다 → enough to 부정사

⑧ ~라는 시간에 → 전+명구

⑨ ~라는 장소에서 → 전+명구

⑩ ~라는 방법으로 → 전+명구

⑪ ~ 때문에 → 분사구문

⑫ ~ 이지만 → 분사구문

⑬ ~ 한다면 → 분사구문

⑭ ~ 때 → 분사구문

⑮ ~ 하면서 → 분사구문

명사구(주어 토씨 "은, 는, 이"가 없다)

① ~ 것 → to 부정사(미래 지향적)

② ~ 것 → 동명사(과거 지향적)

③ 누구를 ~ 해야 할지 → whom to 부정사

④ 무엇을 ~ 해야 할지 → what to 부정사

⑤ 언제 ~ 동사해야 할지 → when to 부정사

⑥ 어디서 ~ 동사해야 할지 → where to 부정사

⑦ 어떻게 ~ 동사해야 할지 → how to 부정사

⑧ 동사해야 할지 아닐지 → whether to 부정사

이런 한국어 표현이 '구'에 관한 표현이므로 한국어를 읽을 때 혹은 우리의

생각 중에 위와 같은 표현이 확인되면 위에 지적한 형용사구, 부사구, 명사
구를 사용해 영작을 해야 한다. 위에 것을 반드시 암기하도록 한다.
이번에는 어떤 한국어 표현이 영어의 절이 되는지 살펴본다.

형용사절(주어 토씨 "은, 는, 이"가 있다)

① 주어가 동사하는 사물 → 사물＋관계대명사 (목적어 빠짐)

② 주어가 동사하는 사람 → 사람＋관계대명사 (목적어 빠짐)

③ 무엇을 동사하는 사물 → 사물＋관계대명사 (주어 빠짐)

④ 무엇을 동사하는 사람 → 사람＋관계대명사 (주어 빠짐)

⑤ 주어가 동사하는 이유 → 이유＋관계부사

⑥ 주어가 동사하는 방법 → 방법 or 관계부사

⑦ 주어가 동사하는 시간 → 시간＋관계부사

⑧ 주어가 동사하는 장소 → 장소＋관계부사

부사절(주어 토씨 "은, 는, 이"가 있다)

① 주어가 ~ 때문에 주절이 일어난다 → because

② 주어가 ~ 이지만 주절이 일어난다 → although, though

③ 주어가 ~ 한다면 주절이 일어난다 → if

④ 주어가 ~ 때 주절이 일어난다 → when

⑤ 주어가 ~ 장소에서 주절이 일어난다 → where

⑥ 주어가 ~ 하기 위해서 주절이 일어난다 → so that

⑦ A 원인 때문에 B 결과가 생기다 → so A that B

명사절(주어 토씨 "은, 는, 이"가 있다)

① 주어가 동사하는 것 → that절

② 주어가 동사하는지 아닌지 → if절, whether절

③ 누가 동사하는지 → who 주어절

④ 무엇이 동사하는지 → what 주어절

⑤ 주어가 누구를 동사하는지 → ~ whom 목적절

⑥ 주어가 무엇을 동사하는지 → ~ what 목적절

⑦ 주어가 왜 동사하는지 → why 절

⑧ 주어가 어떻게 동사하는지 → how 절

⑨ 주어가 언제 동사하는지 → why 절

⑩ 주어법 어디에서 동사하는지 → where 절

여기에 나오는 한국어 표현은 기본적으로 익숙해져 있어야 한다. 그래서 어떤 생각이 떠오를 때 우리는 몇 형식인지를 구분해서 기본적으로 주어, 서술어, 목적어, 보어의 배열을 정하게 된다. 동시에 한국어 표현에 나타난 주어나 목적어나 보어가 명사 단어인지, 명사구인지 아니면 명사절인지를 분간해서 구와 절이면 그것에 맞는 영어 표현을 생각해야 한다.

또 한국어 표현이 부사이면 부사 단어인지, 부사구인지 아니면 부사절인지를 위에서 지적한 한국어 표현에 의해서 구분하고 그것에 맞도록 적절한 표현을 생각해내야 한다. 한국어에서 형용사는 형용사절, 형용사구 그리고 형용사 단어 모두가 단어인 명사 앞에 오게 됨으로 형용사도 그것에 맞는 영어 표현이 무엇인가를 생각해야 한다.

우리는 알게 모르게 이런 과정을 통과해서 영어 문장을 만들게 된다. 어떤 사람은 이런 과정이 빨라서 생각이 나는 순간에 영어 문장을 만들게 되고, 어떤 사람은 이런 과정이 생소해서 영어 문장을 만드는 데 시간이 오래 걸린다. 영어 문장을 만드는 과정 그 자체를 이해하지 못하는 사람들은 결국 영어 문장을 만들지 못한다. 영어를 하려고 하면 앞이 캄캄해진다는 분들이 있는데 어떤 한국어 표현을 어떤 영어로 표현해야 하는지를 모르면 앞이 캄캄해질 수밖에 없다.

기초 영어를 할 때 우리는 위에서 설명한 내용을 숙지하고 많은 한국어를 분석하고 영작하는 과정을 훈련함으로써 영작하는 일에 익숙하게 되고, 그 내용을 음성으로 표현함으로써 영어를 하게 되는 것이다.

이 과정은 결코 쉬운 것은 아니지만 확실한 방법이다. 독해를 많이 하면 문장을 읽는 순간에 뜻을 알 수 있듯이 한국어를 많이 분석하고 영작하면 영어로 말하는 것이 매우 쉽게 된다. 영어는 노력한 만큼 늘게 되는 것이다.

여기까지가 영작을 하는 이론이었다면 이제부터는 실제로 영작을 통해서 우리가 생각해본 것을 훈련해보도록 하겠다.

영작 스파링 1단계-한국어 문장을 영작하기

앞에서 번역해본 50문장을 이번에는 영작해보도록 한다. 여기에서는 한국어 문장이 영작을 할 때 어떤 식으로 나열이 되는가를 설명하고 있다. 해석 문장과 ( ) 안에 넣은 문장과의 차이를 잘 관찰해보라. ( ) 안의 표현이 영작하는 표현이 되기 때문이다.

1. Something unthinkable has occurred.
생각할 수 없는 어떤 일이 일어났습니다.
(어떤 일) (생각할 수 없는) (일어났습니다.)
→ Something unthinkable happened.

위의 한국어 문장을 보고 영작을 할 때 반드시 해석한 문장과 똑같은 문장이 되리라고 생각해서는 안 된다. 위에서 보듯이 원문은 has occurred이지만 happened나 occurred도 가능하다. 영작을 할 때 기본적인 틀은 우리가 위에서 생각했던 것으로 결정하지만 구체적인 영어 문장의 영작은 문법에 의해서 결정됨을 잊지 말아야 한다. 즉 위의 '생각할 수 없는 어떤 일'은 'Unthinkable something'이 아니라 'Something unthinkable'이 되는데 그 이유는 ~ thing으로 끝나는 대명사를 수식하는 단어인 형용사는 대명사의 뒤쪽에 나오기 때문이다.

2. Mr. Jung died. 정씨가 죽었습니다.
(정씨가) (죽었습니다) → Mr. Jung died.

3. Birds sing. 새들은 노래합니다.

(새들은) (노래합니다) → Birds sing.

한국어의 '들'은 복수를 의미한다. 가산명사를 복수로 만드는 방법을 여기에 적용해서 birds로 만든다.

4. John worked very hard. 존은 매우 열심히 일을 했습니다.

(존은) (일을 했다) (매우 열심히) → John worked very hard.

'매우 열심히'는 정도부사 very와 양태부사 hard가 합해져서 very hard가 되었다.

5. I went to church on Sunday. 나는 일요일에 교회에 갔습니다.

(나는) (갔다) (교회에) (일요일에) → I went to church on Sunday.

'교회에'라는 장소를 나타내는 부사와 '일요일에'라는 시간을 나타내는 부사를 어떻게 나열하는지는 문법에 의존한다. 일반적으로 '온다' 혹은 '간다'를 말하는 문장에서는 '장소' '방법' '시간' '이유'의 순으로 부사를 나열하는데, 따라서 여기서는 '교회에' '일요일에'의 순이 되었다. 또 교회에 갔다는 것을 의미하기 위해 전치사 to를 사용하고, 일정한 날을 의미하는 on이라는 전치사를 Sunday 앞에 붙인다. 교회에 예배보러 간 것을 의미하기 위해서 to church라고 했지만, 만약 교회에 사람을 만나러 가거나 농구를 하러 간 경우에는 to the church라고 해야 할 것이다.

6. I was at the church then. 나는 그 당시에 교회에 있었습니다.

(나는) (있었다) (교회에) (그 당시) → I was at the church then.

'그 당시'라는 말은 at the time이라고 할 수도 있다. 그러나 at the church라는 말이 앞에 나왔기 때문에 at the를 반복하지 않기 위해서 then 을 사용한다.

---

7. I have to go to John's house. 나는 존의 집에 가야만 합니다.
(나는) (가야만 합니다) (존의 집에) → I have to go to John's house.
'가야만 합니다'는 must go로 영작해도 무난하지만 회화체에서는 must go 보다는 have to go를 사용한다. '존의 집에'도 '존의 집으로'라는 의미이므로 목적지를 나타내는 to 부정사를 사용해서 to John's house로 영작한다.

---

8. John's house is on the hill. 존의 집은 언덕 위에 있습니다.
(존의 집은) (있다) (언덕 위에) → John's house is on the hill.
'~ 있다'와 '~ 없다'는 there is ~를 이용해서도 영작할 수 있다. 그러나 '존의 집'이라고 표현된 것은 이미 화자가 알고 있는 것이므로 알고 있는 것을 '있다', '없다'라고 할 때에는 there is ~를 사용하지 않아도 된다. '~ 위에'를 나타내는 전치사는 on이므로 on the hill이라고 표현한다.

---

9. The computer that you gave me works well.
당신이 나에게 준 그 컴퓨터는 잘 작동합니다.
(그 컴퓨터는) (당신이 나에게 준) (작동합니다) (잘)
→ The computer that you gave me works well.
한국어에서는 단어 명사 앞에 형용사가 나온다. 형용사 단어, 구, 절이 모두 명사 앞에 나오기 때문에 잘 구분해야 한다. '당신이 나에게 준 그 컴퓨터는'

에서는 '이'와 '는'이라는 주어를 나타내는 토씨가 2개 나온다. 이런 경우에는 '주어 토씨'를 가진 부분이 주어이며 앞에 나오는 '이'는 주어를 수식하는 형용사절의 주어일 가능성이 높다. 또 형용사가 여러 개 나오는 경우에는 한국어는 주로 형용사절, 구, 단어의 형태로 나온다. 즉 '어제 시장에서 사온 5개의 사과는 맛이 있다'는 문장에서 보면 '어제 시장에서 사온'은 형용사절이며 '5개의'는 수량을 나타내는 단어인 형용사로 '사과'라는 명사를 수식한다.

---

10. Here is what you ordered. 여기에 당신이 주문했던 것이 있습니다.

(여기에 있다) (당신이 주문했던 것) → Here is what you ordered.

'~ 있다'는 There is ~, Here is~ 등이 있는데 상대방이 기대하고 있는 것을 건네줄 때는 Here is ~를 사용한다. '당신이 주문했던 것'은 the thing which you ordered인데 what you ordered가 된다. '당신이 주문했던 것'이 what you ordered이면, 당신이 말한 것은 what you said이다. '당신이 원하던 것'은 what you wanted, '당신이 필요한 것'은 what you need, '당신이 우리 회사를 위해서 한 것'은 what you have done for our company 등으로 영작이 된다. 이런 내용은 암기해두고 응용해 사용하면 좋다.

---

11. The baseball game was exciting. 그 야구 경기는 재미있었다.

(그 야구 경기는) (재미있었다) → The baseball game was exciting.

exciting은 현재분사로서 보어로 사용되었다. 게임의 어떤 상태를 나타낸다.

---

12. The water in the pot is boiling. 냄비의 물은 끓고 있는 중입니다.

(냄비의 물은) (끓고 있는 중이다)

→ The water in the pot is boiling.

주어의 상태를 서술한다. 특히 한국어로 '~ 중'이라고 표현된 것은 현재분사를 포함하는 표현이다.

---

13. Michelle is an artist. 미셸은 예술가입니다.

(미셸은) (예술가입니다.) → Michelle is an artist.

주어의 직업을 서술한다. '~이다'는 주어의 어떤 직업이나 상태 등을 서술하는 표현으로 2형식이다. 1, 3, 4, 5형식은 주로 동작을 표현하지만 2형식은 주어를 서술한다는 것을 기억하고 주어를 서술하는 한국어는 '~이다'임을 잊지 마라.

---

14. She is very beautiful. 그녀는 매우 아름답습니다.

(그녀는) (매우 아름답다) → She is very beautiful.

주어의 상태를 서술한다. 아름답다는 것은 아름다운 상태를 표현한다. 상태는 2형식으로 표현한다.

---

15. John's plan is to take Michelle to Egypt as soon as possible. 존의 계획은 가능한 한 빨리 미셸을 이집트로 데려 가는 것입니다.

(존의 계획은) (데려 가는 것이다) (미셸을) (이집트로) (가능한 한 빨리)

→ John's plan is to take Michelle to Egypt as soon as possible.

'데려 가는 것'은 '~ 것'이므로 명사구나 명사절이다. 그런데 '은,는,이,가'라는 토씨가 없으므로 명사구이다. 데려가는 것은 미래에 데려갈 것이라는 뜻이므로 'to take'가 된다. take는 타동사이므로 목적어 Michelle을 취했고 목적지로 to Egypt, 그리고 방법으로 as soon as possible이 뒤따라 나왔다.

---

16. The only thing you have to remember is to do your best in every situation. 당신이 기억해야 할 단 한 가지 것은 모든 경우에 있어서 당신의 최선을 다하는 것입니다.

(단 한 가지 것은) (당신이 기억해야 할) (최선을 다 하는 것) (모든 경우에 있어서)

→ The only thing that you have to remember is to do your best in every situation.

'단 한 가지 것'이라는 표현 앞에 '당신이 기억해야 할'이라는 표현은 형용사이다. '~ 할' '~ 하는 식으로' '~ㄴ' 혹은 '~ㄹ'은 형용사의 토씨이다. '당신이 기억해야 할'이라는 표현에 '은,는,이,가'라는 주어를 나타내는 표현이 있으므로 형용사절이 된다. 따라서 주어 부분은 The only thing you have to remember가 된다. 문장의 끝부분의 '~이다'는 주어의 서술을 의미하고 그 앞에 있는 '최선을 다하는 것'라는 표현은 명사구가 되어 'to do your best'가 된다. '모든 경우에 있어서'는 부사구로 in every situation이 되어 전체 문장은 The only thing you have to remember is to do your best in every situation가 된다.

---

17. All you have to do is follow the instructions.
당신이 해야 할 모든 것은 지시를 따르는 것입니다.

(당신이 해야 할 모든 것은) (지시를 따르는 것)

→ All that you have to do is follow the instructions.

이 문장도 앞의 문장과 같은 형태이다. '당신이 해야 하는 것'에서 '~것'은 명사절을 의미한다. 또 '지시를 따르는 것'에서는 '~ 것'이 명사구를 의미한다. 문장 끝에 있는 '입니다'는 주어의 서술을 의미하므로 2형식 문장이 될 것이다. 주어에 to do와 같은 부정사가 있으면 be동사 뒤에 나오는 부정사는 원형부정사를 관용적으로 사용한다. 따라서 All that you have to do is follow the instructions가 된다.

---

18. John and Michelle are both in sad moods.

존과 미셸은 둘 다 슬픈 기분입니다.

(존과 미셸은) (둘 다 슬픈 기분이다)

→ Both John and Michelle are in sad moods.

문장 끝에 나오는 '~입니다'는 주어의 서술을 표현하는 것이므로 2형식 문장이 된다. Both ~ and 구문은 be동사와 함께 사용되면 both가 be동사 뒤로 도치된다. 그래서 최종적으로 John and Michelle are both in sad moods가 되었다.

---

19. The main question at this time is whether John should go there or not.

이 시점의 주요 질문은 존이 그곳에 가야 하는지 아닌지입니다.

(이 시점의 주요 질문은) (인지 아닌지) (존이 간다 그곳에)

→ The main question at this time is whether or not John

should go there.

'이 시점의 주요 질문'은 전+명구를 사용해서 The main question at this time이라고 하면 된다. 문장 끝의 '입니다'는 주어를 서술하며, 2형식 문장을 만든다.

20. That was what they needed in order to treat the monkey properly.

그것은 그들이 원숭이를 제대로 치료하기 위해서 필요한 것이었습니다.

(그것은) (그들이 필요했던 것이었다) (치료하기 위해서) (원숭이를) (적절히)

→ That was what they needed to treat the monkey properly.

왼쪽으로부터 오른쪽으로 옮겨 가면서 한국어를 본다. 눈에 띄는 표현을 살펴본다. '그들이 필요했던 것'은 what they needed라는 관계대명사 표현이다. '치료하기 위해서'는 부정사 to ~ 나 in order to ~를 사용하면 된다. to 부정사가 나오면 영작을 할 때도 영어의 기본 원리를 적용해서 to 부정사의 동사가 자동사인지 타동사인지를 구분하고 거기에 필요한 문장의 요소, 즉 목적어, 보어 등을 제공하면 된다. '치료하기 위해서'는 to treat이며 타동사이므로 monkey라는 목적어가 필요하고, 부사로는 제대로라는 properly가 사용되어 That was what they needed in order to treat the monkey properly라는 문장이 된다.

이제 한두 번 보았던 문장의 표현은 분석하지 않고 그대로 영작해야 한다. 표현의 끝 부분이 '~하는 것'이면 주로 명사구나 명사절이다. 명사구와 명사절의 차이는 한국어 표현에 '은,는,이,가'가 있으면 명사절이고 없으면 명사구이다.

아침에 걷는 것 → 명사구 → walking in the morning

나를 아는 것 → 명사구 → to know me

네가 그녀를 사랑한다는 것 → 명사절 → that you love her

너를 위해서 거기에 있는 것 → 명사구 → to be there for you

네가 우리 회사를 위해서 한 것 → 명사절 → what you have done for our company

이것을 제때에 끝내는 것 → 명사구 → to finish this on time

이와 같이 아주 쉬운 것부터 하나씩 챙겨서 점점 복잡한 문장의 표현까지도 익숙하게 되어야 한다.

21. Richard made a big mistake. 리처드는 큰 실수를 저질렀습니다.

(리처드는) (저질렀다) (큰 실수를) → Richard made a big mistake.

'저질렀다'는 동작동사이다. 3형식 문장으로 한국어에 '저질렀습니다'에서와 같이 'ㅆ'이 들어가면 과거시제를 표현한다.

22. Richard always kept his promises.

리처드는 그의 약속을 항상 지켰습니다.

(리처드는) (항상 지켰다) (그의 약속을)

→ Richard always kept his promises.

주어의 어떤 동작을 말한다. 목적어를 필요하기에 3형식 문장이며, 빈도부사 always는 일반적으로 동사 앞에 위치한다. '지켰습니다'에서도 '켰'에서 과거 표현을 볼 수 있다.

23. I didn't know that you liked her so much.

나는 네가 그녀를 그렇게 많이 좋아하는지를 몰랐다.

(나는) (몰랐다) (네가) (좋아한다) (그녀를) (그렇게 많이)

→ I didn't know that you liked her so much.

한국어만을 보면 '네가 좋아한다'라고 되어 있지만 영어에서는 주절의 동사가 과거이므로 명사절 종속절에 시제일치를 맞추어 과거로 해준다. '몰랐다'에서도 과거 표현을 볼 수 있다.

24. I know when to stop. 나는 언제 정지해야 하는지를 압니다.

(나는) (압니다) (언제 정지해야 하는지를) → I know when to stop.

'언제 정지해야 하는지'는 '언제'라는 의문사가 있고 주어가 없으므로 이것은 '의문사+부정사'로 처리되어야 한다. 따라서 when to stop이 된다. 의문사+부정사의 경우 to에 should의 의미를 넣어서 해석한다. I know when to stop은 I know when I should stop이라는 문장이 줄어서 '의문사+부정사'가 된 것이다.

앞으로 한국어 표현 가운데 언제, 어디서, 어떻게, 누가, 무엇을, 또 얼마나 등의 표현이 나오면 의문사 표현임을 알아야 한다. 의문사+부정사인지 의문사절인지는 주어의 유무를 따라 결정을 한다.

언제 결정해야 할지 → 의문사 + 부정사 → when to decide

무엇을 해야 할지 → 의문사 + 부정사 → what to do

네가 무엇을 했는지 → 의문사절 → what you did

어디로 가야 할지 → 의문사 + 부정사 → where to go

내가 언제 집에 가야 하는지 → 의문사절 → when I should go home

똑같은 표현인데도 매번 분석해서 말하려고 하면 영어를 잘할 수 없다. 앞에서 한두 번 본 문장들은 분석 없이 바로바로 말할 수 있어야 영어 실력이 향상된다. 이렇게 할 때 틀리는 경우도 있지만 그것은 걱정할 바가 아니다. 틀리더라도 자꾸 반복하게 되면 점점 문장이 정확해지고 매끄러워지는 반면, 틀리는 것이 두려워서 과감하게 영작을 못하면 말을 만드는 데에 시간이 많이 걸리게 된다.

25. I know how to use this machine.

나는 이 기계를 어떻게 사용해야 하는지를 압니다.

(나는) (안다) (어떻게 이 기계를 사용하는지)

→ I know how to use this machine.

'어떻게 이 기계를 사용하는지'라는 표현에서 주어의 표현이 없고 '어떻게'라는 의문사가 있으므로 의문사＋부정사로 how to use this machine으로 영작한다.

26. Richard doesn't know when he has to go home.

리처드는 그가 언제 집에 가야 하는지를 모릅니다.

(리처드는) (모릅니다) (언제) (그가) (가야 하는지) (집에)

→ Richard doesn't know when he has to go home.

'언제 그가 집에 가야 하는지'는 의문사절로 명사절이다. 의문사절이기에 의문사 when이 문장 앞으로 나가고 나머지는 평서문의 어순을 따른다.

27. Richard said that he was very hungry.

리처드는 그가 매우 배고프다고 말했습니다.

(리처드는) (말했습니다) (그가) (배고프다고) (매우)

→ Richard said that he was very hungry.

여기서도 종속절에는 '그가 매우 배고프다'라고 되어 있지만 영어에서는 시제를 맞춰야 한다.

28. I wonder if Richard can get home by 5.

나는 리처드가 5시까지 집에 갈 수 있는지를 의아히 생각한다.

(나는) (의아히 생각한다) (인지 아닌지) (리처드가) (갈 수 있다) (5시까지) (집에) → I wonder if Richard can get home by t o'clock.

wonder는 타동사이므로 반드시 그 뒤에 명사가 와야 한다. '~인지 아닌지'는 if나 whether or not으로 영작한다. 단 if 명사절은 목적절로만 사용한다.

29. Richard takes care of all his animals whenever possible.

리처드는 가능할 때마다 그의 모든 동물들을 잘 보살핍니다.

(리처드는) (잘 보살핍니다) (그의 모든 동물들을) (가능할 때마다)

→ Richard takes care of all his animals whenever possible.

takes care of는 타동사구이며 목적어는 all his animals가 된다. '가능할 때마다'는 whenever possible로 영작하는데, 이것은 whenever it is possible의 준말이다.

30. John bought a nice ring for Michelle on her birthday.

존은 그녀의 생일날에 미셀을 위해서 좋은 반지를 사주었습니다.

(존은) (사주었습니다) (좋은 반지를) (미셀을 위해서) (그녀의 생일날에)

→ John bought a nice ring for Michelle on her birthday.

31. Michelle gave John a walnut.

미셀은 존에게 한 개의 호두를 주었습니다.

(미셀은) (주었습니다) (존에게) (하나의 호두를)

→ Michelle gave John a walnut.

32. I will tell them the true story if they ask me.

나는 그들이 나에게 묻는다면 그들에게 사실을 말할 것입니다.

(나는) (말할 것입니다) (그들에게) (사실을) (만일) (그들이) (묻는다면) (나에게)

→ I will tell them the true story if they ask me.

한국어 표현을 처음부터 우측으로 읽어 내려가면서 '그들이 나에게 묻는다면'을 보는 순간, 이것이 '부사절'이라는 느낌을 받는다. 부사절의 위치는 일반적으로 문장 끝이므로 이 부분은 따로 빼놓고 나머지 부분을 영작해 나간다. 나머지 부분은 누구'에게' 무엇'을'의 형태이므로 4형식으로 처리하고 부사절을 문장 끝에 붙인다. 이 문장은 부사절 if they ask me를 문장 앞으로 보낸 뒤에 콤마 ','를 찍어 주어도 된다. 그렇게 되면 If they ask me, I will tell them the true story가 될 것이다.

33. Please show me your picture-ID.

나에게 당신의 사진 증명서를 보여주세요.

(보여주세요) (나에게) (당신의 사진 증명서를)

→ Show me your picture-ID.

이 문장은 주어가 없으며 누구'에게' 무엇'을' '주세요'라는 문장 형태로 보아 명령문임을 알 수 있다. 명령문에서는 동사원형을 먼저 말하고 나머지는 5 형식에 따라 배열한다. 대부분의 명령문의 경우 어조를 부드럽게 하기 위해서 please를 붙여 말한다. please를 문장 앞에 붙일 때와 문장 끝에 붙일 때 뉘앙스에 차이가 있는데 주로 앞에 붙이면 명령조를 부드럽게 하는 느낌, 그리고 뒤에 붙이면 애원의 뉘앙스가 있다. 따라서 Please show me your picture-ID.라고 하면 좋다.

34. John gave Michelle flowers which he got from the flower stand at the corner. 존은 미셸에게 그가 모퉁이에 있는 꽃가게에서 산 꽃을 주었습니다.

(존은) (주었습니다) (미셸에게) (꽃을) (그가) (산) (꽃가게에서) (모퉁이에 있는)

→ John gave Michelle flowers that he bought from the flower shop at the corner.

'그가 모퉁이에 있는 꽃가게에서 산 꽃'은 '꽃'이라는 명사를 '그가 모퉁이에 있는 꽃가게에서 산'이라는 형용사절이 수식하고 있다. '모퉁이에 있는'이라는 표현은 구체적인 장소를 이야기하므로 at the corner라는 전치사+명사구로 표현된다. 관계대명사가 이끄는 절은 불완전하다. 이 경우에는 그가 무엇을 샀는지를 말하지 않는다. '존은' '주었습니다' '미셸에게' '꽃을' 이 부분은 평범한 4형식이다. 따라서 전체 문장은 John gave Michelle which he bought from the flower shop at the corner.가 된다.

35. The doctor showed Richard how to send the test results to his office. 의사는 리처드에게 어떻게 테스트 결과를 그의 사무실로 보내야 하는지를 보여주었습니다.

(의사는) (보여주었다) (리처드에게) (어떻게) (보내는지를) (테스트 결과를) (그의 사무실로) → The doctor showed Richard how to send the test result to his office.

한국어 표현을 처음부터 우측으로 읽어 나가면서 '어떻게 테스트 결과를 그의 사무실로 보내야 하는지를'에서 이것은 의문사+부정사 표현이라는 느낌이 와야 한다. 우선 '어떻게'라는 의문사가 있고 주어를 나타내는 '은,는,이,가'라는 표현이 없기 때문에 'how to ~'가 된다. 이 부분이 성립되면 영어의 기본 원리가 나머지를 알려준다. 동사는 보내는 것이므로 send가 되어 how to send 목적어 → how to send the teat result 부사 → how to send the test result to his office가 된다. 문장 전체는 누구에게 뭔가를 보여주는 경우이므로 4형식을 취하고 직접목적어 부분에 의문사＋부정사가 들어가게 된다. 전체 문장은 The doctor showed Richard how to send the test result to his office라고 하면 된다.

36. Michelle informed John when to call her.
미셸은 존에게 언제 그녀에게 전화를 할지를 알려주었습니다.
(미셸은) (알려주었습니다) (존에게) (언제) (전화할지) (그녀에게)

→ Michelle informed John when to call her.

한국어 표현 '언제 그녀에게 전화를 할지'는 의문사＋부정사의 형태이다. 문장 전체는 존에게 무엇을 알려주는 경우이므로 4형식 문장이 된다.

Michelle told John when to call her.

37. Michelle told me how happy she was. 미셸은 나에게 그녀가 얼마나 행복한지를 말했습니다.

(미셸은) (말했습니다) (나에게) (얼마나 행복) (그녀가 ~ 인지를)

→ Michelle told me how happy she was.

한국어 표현을 보면 4형식 문장으로 직접목적어 부분에 '그녀가 얼마나 행복한지를'이 들어가는 경우다. '그녀가 얼마나 행복한지'는 의문사절로 표현해야 하고, '얼마나 행복한지'는 how happy이다. how는 '정도'와 '방법'을 나타내는 의문부사이므로 그 뒤에 형용사나 부사가 와서 다른 표현을 만든다.

얼마나 긴 → how long

얼마나 많은 → how much 혹은 how many

얼마나 자주 → how often

얼마나 늙은 → how old

얼마나 빨리 → how soon

얼마나 큰 → how big

얼마나 슬픈 → how sad

얼마나 빠르게 → how fast

등으로 표현할 수 있다.

여기서 '얼마나 행복한지'는 감탄문으로도 볼 수 있는데 결국 의미는 같다고 볼 수 있다.

38. John taught Michelle how to use the e-mail system.

존은 미셸에게 어떻게 이메일 시스템을 사용하는지를 가르쳐주었습니다.

(존은) (가르쳐주었습니다.) (미셸에게) (어떻게) (사용하는지) (이메일 시스템을) → John taught Michelle how to use the e-mail system.

전체 문장의 구조는 [누구'에게' 무엇'을' ~하다]인데 직접목적어 부분이 '어떻게 이메일 시스템을 사용하는지'가 된 경우이고 직접목적어는 '어떻게'라는 방법을 표현하는 '의문사+부정사'이다. 따라서 이 표현은 how to use the e-mail system이 되며, 전체 문장은 John taught Michelle how to use the e-mail system이 된다.

---

39. John told Michelle where he was going to stay in Egypt.

존은 미셸에게 그가 이집트에서 어디에 머물지를 말했습니다.

(존은) (말했습니다) (미셸에게) (어디에) (그가) (머물지를) (이집트에서)

→ John told Michelle where he was going to stay in Egypt.

이 문장의 전체 표현을 보면 4형식인데 직접목적어에 의문사절이 있는 경우이다. 의문사절은 '그가 이집트에서 어디에 머물지'이므로 where he would stay in Egypt가 될 것이다. 따라서 전체 문장은 John told Michelle where he would stay in Egypt가 된다. 물론 위에 있는 문장과 다르게 보이지만 한국어를 영어로 영작할 때 매번 완벽하게 맞아 떨어지는 모범 정답이란 없다. 그 뜻을 정확에게 표현하는 것이면 된다.

---

40. Richard told John that he didn't know what he was supposed to do when the monkey was sick. 리처드는 존에게 그

는 원숭이가 아플 때 그가 무엇을 해야만 하는지를 모른다고 말했습니다.

(리처드는) (말했습니다) (존에게) (그는) (모른다) (무엇을) (그는) (해야만 하는지) (때) (원숭이가 아플) → Richard told John that he didn't know what he must do when the monkey was sick.

한국어를 처음부터 읽으면서 '원숭이가 아플 때'에서 '때'라는 단어가 문장 끝에 있으므로 이는 부사절임을 알 수 있고, 문장 끝부분에 써준다. '그가 무엇을 해야만 하는지'를 보면 '무엇'이라는 단어가 있고 '그가'라는 주어가 있으므로 의문사절임을 알 수 있다. 따라서 이 표현은 what he has to do가 될 것이다. 전체 문장은 ['주어가' 누구'에게' 무엇'을' 말했다]라는 뜻이므로 4형식 문장의 목적어 자리에는 의문사절이, 그리고 문장 끝에는 부사절이 나오는 문장이다. 전체 문장은 Richard told John he didn't know what he had to do when the monkey was sick이 된다.

41. John never lets his parents down.
존은 그의 부모님이 실망하도록 하지 않습니다.

(존은) (하도록 않습니다.) (그의 부모님이) (실망)

→ John never lets his parent down.

문장의 느낌은 '주어가 누구로 하여금 어떻게 하지 않도록 한다'라는 것이다. 누구에게 뭔가를 어떻게 시키거나 만드는 경우의 사용하는 동사를 '사역동사'라 한다. 사역동사는 강제로 무엇을 하게 만드는 make와 부탁을 해서 뭔가를 하게 하는 have, 그리고 뭔가를 막지 않음으로 하게 하는 let 동사가 있다. 이 문장은 5형식이며 목적어는 '부모님' 그리고 목적보어는 '실망하게'이며 '하게 않는다'라는 사역동사 never let을 사용한다. 따라서 John never lets his parent down이 된다.

42. They call me Sam. 그들은 나를 샘이라고 부릅니다.

(그들은) (부른다) (나를) (샘이라고) → They call me Sam.

주어가 목적어의 신분을 칭하는 경우이며 5형식의 단어 배열을 취한다.

43. John saw the monkey running.

존은 원숭이가 뛰고 있는 것을 보았습니다.

(존은) (보았습니다) (원숭이가) (뛰고 있는 것)

→ John saw the monkey running.

주어는 목적어의 상태를 보았다는 5형식 문장이다. 상태를 표현할 때 어떤 상태가 '진행'이 되고 있으면 현재분사를 사용하고 이미 '완료'된 것을 표시할 때는 과거분사를 사용한다. 이 문장에서는 목적어가 '뛰고 있는 것'을 보았기 때문에 현재분사를 사용해서 상태를 표시한다. John saw the monkey running.

44. Richard found the monkey crying at the corner of the cage. 리처드는 원숭이가 철창 구석에서 울고 있는 것을 발견했습니다.

(리처드는) (발견했습니다) (원숭이가) (울고 있는 것) (철창 구석에서)

→ Richard found monkey crying at the corner of the cage.

이 경우에도 주어는 목적어의 어떤 상태를 표시하고 있다. 상태는 울고 있는 중이며 울고 있는 장소가 철창 구석이라는 점이 43번 문장과 다르다. 이 경우에 철창 구석이라는 부사구를 사용해서 영작을 한다. Richard found the monkey crying at the corner of the cage가 된다.

45. The doctor wanted Richard to visit his office this afternoon. 의사는 리처드가 이날 오후에 그의 사무실을 방문할 것을 원했습니다.

(의사는) (원했습니다) (리처드가) (방문할 것을) (그의 사무실을) (이날 오후에)
→ The doctor wanted Richard to visit his office this afternoon.
한국어 표현을 보면 목적어에 어떤 동작을 요구하는 것이므로 5형식이다. 5형식에서 어떤 동작을 요구할 때는 부정사를 사용한다. 부정사는 준동사이므로 동사가 자동사인지 타동사인지에 따라 목적어가 나올 수 있고 또 동사이므로 부사가 나올 수 있다는 것을 유의해야 한다. 목적어에게 원하는 내용은 '이날 오후에 그의 사무실을 방문할 것'이므로 영어로는 to visit his office this afternoon이 된다. 따라서 전체 문장은 The doctor wanted Richard to visit his office this afternoon이 된다.

46. John asked Richard to wait one more day before he put the monkey somewhere else. 존은 리처드가 그가 원숭이를 다른 곳에 넣기 전에 하루를 더 기다릴 것을 요구했습니다.

(존은) (요구했습니다) (리처드가) (기다릴 것을) (하루를 더) (전에) (그가) (넣다) (원숭이를) (다른 곳에) → John asked Richard to wait one more day before he put the monkey some other place.
위의 한국어 '그가 원숭이를 다른 곳에 넣기 전'이라는 표현에서 '전'은 때를 나타내는 부사절을 의미하므로 before he put the monkey some

other place가 된다. 문장의 구조는 존이 하루를 더 기다려 달라고 요구를 하는 것이므로 5형식으로 취급한다. 요구하는 내용이 기다린다는 동작이므로 부정사를 사용해서 to wait one more day가 된다. 따라서 전체 문장은 John requested Richard to wait one more day before he put the monkey some other place가 된다.

47. Michelle thinks it difficult to stay in Egypt for 5 years.

미셸은 이집트에 5년간 머문다는 것이 어려운 것으로 생각한다.

(미셸은) (생각한다) [(머문다) (이집트에) (5년간)] (어려운)

→ Michelle thinks it difficult to stay in Egypt for 5 years.

여기서는 이집트에 5년간 머문다는 것이 목적어로 나온다. 5형식의 경우 목적어가 구가 되면 it ~ to 용법으로 '가목적어'와 '진목적어'를 사용한다.

48. They kept it a secret that the monkey had a virus which could kill people.

그들은 원숭이가 사람을 죽일 수 있는 바이러스를 가지고 있다는 사실을 비밀로 했습니다.

(그들은) (지켰다) [(원숭이가) (가지고 있다) (바이러스를) (죽일 수 있는) (사람을)] (비밀로) → They kept it a secret that the monkey had a virus that could kill people.

여기서는 목적어에 명사절이 왔으므로 it ~ that 용법으로 가목적어를 진목적어로 사용했다.

49. John made it clear that he disagreed to what the doctor

proposed.

존은 그가 의사가 제안한 것에 동의하지 않는다는 것을 명확하게 했습니다.

(존은) (만들었다) [(그가) (동의 하지 않는다) (의사가 제안한 것)] (명확한)

→ John made it clear that he disagreed to what the doctor proposed.

여기서도 목적어가 절이 왔으므로 it ~ that 용법으로 가목적어를 진목적어로 사용했다.

---

50. I often heard it said that practice makes perfect.

나는 연습이 완전을 만든다는 것이 말해지는 것을 자주 들었습니다.

(나는) (자주) (들었습니다) (연습이) (만든다) (완전을) (말해지는 것)

→ I often heard it said that practice makes perfect.

여기에도 목적어로 절이 왔기 때문에 it ~ that 용법을 사용했는데 목적 보어에 '말해지는' 이라는 수동의 의미가 표현되었기 때문에 목적보어를 과거분사로 표현한다. 전체적인 문장은 I often heard it said that practice makes perfect가 되는데 that 이하의 시제가 현재로 하는 것은 그 내용이 격언이기 때문에 시제일치를 지키지 않아도 되기 때문이다.

이제까지 앞장에서 번역해봤던 50문장을 역으로 영작을 해보았다. 앞에서도 언급했지만 이런 종류의 문장은 아주 기초적인 문장이다. 따라서 이 50문장 정도는 능숙하게 영작이 되어야 다음을 공부할 수 있다.

영작 스파링 2단계-수식어와 절 익히기

이번 영작 스파링 2단계에서는 앞에서 공부한 내용보다 좀 확장된 문장으로 영작을 연습해본다. 앞의 50문장에다 형용사, 부사, 명사의 요소를 좀 가미한 것으로 내용은 거의 같지만 수식어가 나올 경우와 절이 나오는 경우에 어떻게 영작하는지를 연습한다.

한국어를 보고 영작을 할 때는 다음과 같은 원칙을 적용해서 한다.

① 한국어의 주어와 동사를 파악한다.

② 동사를 보고 영어로 몇 형식의 문장이 될 것을 짐작한다.

③ 조동사의 표현이 동사 부근에 있는지 확인한다.

④ 동사가 타동사이면 바로 앞에 '~을' 혹은 '~를' 이 있다.

⑤ 목적어는 단어인 명사, 명사구, 명사절이 있을 수 있다. '~을', 혹은 '~를' 이란 단어 앞에 주어의 토씨 '~은, 는, 이, 가' 가 있으면 목적어는 절이며 주어가 없으면 명사구 혹은 명사 단어이다. 명사구이면 동작의 의미가 있는 한국어 표현이 있게 된다.

⑥ 명사절에도 that, if/whether, 의문사절이 있게 되므로 구별한다. if/whether 절은 그 문장의 끝이 '~인지 아닌지'라는 토씨가 붙는다.

⑦ 의문사절은 그 표현 가운데 '누가, 누구, 무엇, 언제, 어디서, 어떻게, 왜, 혹은 얼마나'등의 표현이 있게 된다.

⑧ 목적어가 if/whether 절이 아니고 의문사절도 아니면 that절이다. that 절의 토씨는 '~것, ~지, 라고' 등이다.

⑨ 목적어가 명사구이면 to 부정사, 동명사, 그리고 의문사＋부정사의 가능성이 있다.

⑩ 목적어가 의문사＋부정사가 되기 위해서는 의문사절과 같은 한국어의 표현이 있으나 주어를 나타내는 '～은, 는, 이, 가'의 표현이 없다.

⑪ 목적어가 부정사나 동명사의 경우는 '～것'이며 주어의 토씨가 없다.

⑫ 부사절이나 부사구의 표현은 '～ 때문에, ～이지만, ～한다면, ～때, ～장소, 하기 위해서, ～해서 ～ 하다' 등의 표현이 나온다.

⑬ 그 외도 명사 앞에 '～ㄴ, ～ㄹ' 등의 표현이 나오면 형용사절, 형용사구 혹은 형용사 단어가 가능하다. 이외도 여러 가지를 생각하면서 영작이 이루어지지만 모든 경우를 다 열거할 수는 없다.

여기에서는 위의 원칙을 사용해서 확장된 50문장을 다루면서 구체적으로 어떻게 영작을 하는지에 대해서 설명하겠다.

1. 책상 위에 컴퓨터가 있다.

먼저 동사를 본다. 문장 끝에 있는 동사가 '있다' 이다. 이것을 보고 이 문장은 1형식 문장임을 인식한다. 컴퓨터에 특별한 한정사가 붙지 않았으므로 불특정한 것. There is ～를 사용한다. '책상 위' 는 전＋명구로 처리한다.

→ There is a computer on the table.

2. 너의 배낭은 너의 거실에 있다.

동사를 보라. 문장 끝에 있는 동사가 '있다'이므로 1형식. 너의 배낭은 아는 물건이므로 there is～를 사용하지 않고 너의 배낭을 주어로 사용해서 영작.

→ Your backpack is in your living room.

3. 존은 방금 전에 2층에 있었다.

먼저 동사를 본다. 동사 – '있었다' → 과거 → 1형식. 일반적으로 동사에 'ㅆ' 이 있으면 시제는 과거이다. 물론 현재완료도 가능하다. 방금 전에 → 부사 구로 a few minutes ago, 존은 아는 존재이므로 주어로 직접 사용.

→ John was upstairs a few minutes ago.

4. 네가 나에게 준 컴퓨터는 잘 작동하지 않는다.

한국어 표현에서 동사를 본다. 동사 '작동하지 않는다' → 1형식 현재. 네가 나에게 준 컴퓨터 → 주어가 있고 컴퓨터 앞에 '준' 에서 형용사 토씨 발견 → 관계대명사절 → the computer that you gave me~

→ The computer that you gave me doesn't work well.

5. 이 책은 잘 팔린다.

먼저 한국어의 동사를 보라. '팔린다'는 동사는 수동의 뜻이 있는 sell이다. 1 형식.

→ This book sells well.

6. 드디어 봄이 왔다.

한국어 동사는 '봄이 왔다'→간단한 동작→1형식. 드디어 finally

→ Finally spring has come.

7. 내가 예측한대로 하루 종일 비가 왔다.

한국어의 동사는 '비가 왔다' 날씨이므로 1형식. '내가 예측한 대로'는 부사절 as I predicted, 하루 종일 all day.

→ It rained all day as I predicted.

8. 존은 여행을 위한 돈을 마련하기 위해서 매우 열심히 일했다.

한국어 동사는 '일했다'이므로 과거, 1형식. 돈을 마련하기 위해서→부정사의 부사 용법 – 목적 to make money. 여행을 위한 돈→형용사 전명구 →money for the trip.

→ John worked very hard to make money for the trip.

9. 나는 미셀과 함께 일요일에 교회로 갔다.

먼저 한국어 표현에서 동사를 본다. 동사 – '갔다' 과거, 1형식. 미셀과 함께 → with Michelle, 일요일에 → on Sunday, 교회로 → to church 일요일에 교회에 갔기 때문에 예배를 보기 위해서 간 것으로 추정해서 the를 붙이지 않음.

→ I went to church on Sunday with Michelle.

10. 나는 샘을 만나기 위해서 오늘 아침 일찍 일어났다.

한국어 표현 동사 '일어났다' → 과거, 1형식. 샘을 만나기 위해서 → to see Sam 혹은 to meet Sam, 오늘 아침 일찍 일어났다 → got up early this morning.

→ I got up early this morning to see Sam.

11. 미셸은 한국에서 누구에게나 알려진 유명한 예술가이다.

문장 끝에 있는 한국어 동사는 '이다' → 현재, 2형식. 한국에서 → in Korea, 누구에게나 알려진 예술가 → artist known to everyone.

→ Michelle is a famous artist known to everyone in Korea.

12. 신문을 가지고 있는 사람은 보스턴에서 온 존의 삼촌이다.

한국어 문장 끝에 있는 동사는 '이다' → 현재, 2형식. 신문을 가지고 있는 사람 → the man with a newspaper, 보스턴에서 온 존의 삼촌 → John's uncle from Boston.

→ The man with a newspaper is John's uncle from Boston.

13. 미셸은 내가 그녀에게 전화를 할 때마다 항상 바쁘다.

한국어 동사를 보라. '바쁘다' 바쁜 상태 2형식, 현재. 내가 전화를 할 때마다' → whenever I call her, whenever 는 복합관계부사로 '할 때마다' '언제나'의 의미.

→ Michelle is always busy whenever I called her.

14. 공원에서 뛰고 있는 사람은 건강이 나쁘다.

한국어 동사를 먼저 본다. 동사 → '건강이 나쁘다'는 주어의 상태를 표시하는 것이므로 2형식. 공원에서 뛰고 있는 사람 → the man running in the park, 건강이 나쁘다 → in poor health.

→ The man running in the park is in poor health.

15. 그가 저렇게 걷는 것을 보니까 그는 많이 피곤한 것이 틀림없다.

한국어 문장 끝에 있는 동사 '피곤한 것이 틀림없다' 상태의 추측 – 2형식 현재, 조동사 must의 추측. '그가 저렇게 걷는 것을 보니까'는 5형식으로 목적어의 동작을 표현 → to see him walk like that.

→ He must be very tired to see him walk like that.

16. 이 시점의 주요 질문은 무엇이 그 화재를 시작하게 했는가이다.

한국어 표현에서 동사는 '이다'이므로 2형식이며 현재. 주어는 이 시점의 주요 질문 → the main question at this time, 보어는 무엇이 그 화재를 시작하게 했는지 → 무엇이라는 의문사 표현이 있으므로 의문사절로 표현 → what triggered the fire.

→ The main question at this time is what triggered the fire.

17. 존의 계획은 가능한 한 빨리 미국으로 미셸을 데리고 가는 것이다.

한국어 동사를 본다. '이다' → 2형식, 현재. 주어는 존의 계획 → John's plan, 보어는 가능한 한 빨리 미국으로 미셸을 데려 가는 것 → 데려 가는 것은 표현 중에 주어가 없으므로 부정사로 처리한다. '~것'은 주로 that 절 아니면 to 부정사로 영작 가능.

→ John's plan is to take Michelle to the USA as soon as possible.

18. 네가 해야 할 모든 것은 샘의 지시를 따르는 것이다.

한국어 동사는 '이다' → 2형식, 현재. 주어는 모든 것 앞에 '~ 할'이 있음을 주목. 이것은 관계대명사 표현이다. → All you have to do, 보어는 '샘의 지시를 따르는 것'으로 부정사로 표현한다. → to follow Sam's direction.

→ All you have to do is to follow Sam's direction.

*여기서 하나 더 추가를 한다면 주어에 to do라는 표현이 있으면 be동사 뒤에 나오는 부정사는 원형부정사를 주로 사용함으로 All you have to do is follow Sam's direction이라고 할 수 있다.

19. 그녀가 그렇게 자살했다는 것을 듣는 것은 정말 슬프다.

동사를 본다. '슬프다'는 상태를 표현함으로 2형식, 현재. 주어는 '그녀가 그렇게 자살했다는 것을 듣는 것'인데 한국어 표현의 끝 부분에 '듣는 것'이 있어서 to hear의 목적어가 '그녀가 그렇게 자살했다는 것'이고 이것은 that 명사절이 목적어가 되어 → to hear that she killed herself like that이 된다. 전체문장은 it ~ to 용법을 사용.

→ It is really sad to hear that she killed herself like that.

20. 존이 어젯밤에 줄리에게 전화했다는 것은 사실이 아니다.

문장의 끝 부분을 보고 한국어 동사를 본다. '아니다' → 2형식, 현재. 주어는 '존이 어제 밤에 줄리에게 전화했다는 것' → that 명사절 → that John called Julie last night. 주어가 절임으로 it~ that 용법을 사용한다.

→ It is not true that John called Julie last night.

21. 리처드는 그의 직업을 잃게 하는 다른 실수를 만들었다.

동사는 '만들었다' → 과거, 3형식 타동사. 목적어는 '다른 실수'인데 그 앞에

'그의 직업을 잃게 하는'이라는 형용사절이 있다. 관계대명사의 경우 주어나 목적어가 빠지는 불완전한 문장인데 여기서는 목적어가 있으므로 주어가 빠지는 불완전한 문장이다. 따라서 목적어는 another mistake which cost him his job이 된다.

→ Richard made another mistake which cost him his job.

22. 나는 가능하다면 방과 후에 너를 만나고 싶다.

동사를 본다. 만나고 싶다 → 3형식, 현재로 I would like to see 정도가 된다. 가능하다면 → if possible, 방과 후 → after school.

→ I would like to see you after class if possible.

23. 존은 너를 좋아하지만 너는 아무 이유 없이 그를 싫어한다.

동사를 본다. 이 경우에는 '좋아하고'에서 문장이 하나 끝나고 '싫어한다'가 있어서 중문의 경우이다. 따라서 두 문장을 but으로 연결한다. 좋아한다 → 3형식, 현재 → John likes you가 되고 뒤의 문장은 '싫어한다'는 3형식 동사이고, '아무 이유 없이'는 for no apparent reason이 된다.

→ John likes you but you hate him for no apparent reason.

24. 나는 네가 어제 회의에 가지 않았다는 것을 몰랐다.

문장의 끝에 있는 동사를 본다. '몰랐다' → 3형식, 과거. 목적어는 '네가 어제 회의에 가지 않았다'이며 의문사 표현도 없고 '~인지 아닌지'도 아니니까 that 명사절 → that you didn't go to the meeting yesterday.

→ I didn't know that you didn't go to the meeting yesterday.

25. 나는 언제 나의 책상으로부터 떠날지를 안다.

문장 끝의 동사는 '안다' → 3형식, 현재. 목적어는 '언제 나의 책상으로부터 떠날지'로 의문사 표현인 '언제'가 있으나 주어가 없으므로 의문사+부정사로 영작→when to walk away from my desk.

→ I know when to walk away from my desk.

26. 너는 내가 너에게 먼저 질문했기 때문에 내 질문에 먼저 답해야 한다.

문장 끝에 있는 동사를 본다. '답해야 한다'로 3형식 현재이고 '해야'라는 표현은 조동사 must이다. 목적어는 '내 질문'으로 단어인 명사, 그 앞에 '내가 너에게 먼저 질문했기 때문에'는 '때문에'가 이유를 나타내는 부사절의 표현이므로 → because I asked you first로 한다.

→ You have to answer mine first because I asked you first.

27. 나는 그녀가 그 사건을 조사하는 경찰인지 아닌지를 몰랐다.

동사를 본다. 동사는 '몰랐다' → 3형식, 과거. 목적어는 '인지~ 아닌지'이므로 '그녀가 그 사건을 조사하는 경찰인지 아닌지'는→if she was a cop investigating the accident.

→ I didn't know if she was a cop investigating the accident.

28. 나는 오늘 아침에 존에게 그 책을 주었다.

동사는 '주었다' → 4형식이나 3형식으로 할 수 있다. 4형식으로 보면 간접목적어는 존이고 직접목적어는 그 책이다. 오늘 아침에는→this morning이 된다.

→ I gave John the book this morning.

*이 문장을 3형식으로 본다면 '존에게'라는 표현이 간접목적어가 아니라 to John이라는 전+명구가 된다. 3형식으로 전체 문장을 만들면 이렇게 된다.

→ I gave the book to John this morning.

29. 나는 내가 무엇을 어젯밤 그녀에게 말했는지를 기억하지 못한다.

문장 끝 동사는 '기억하지 못한다' → 3형식, 과거. 목적어는 '내가 무엇을 어젯밤 그녀에게 말했는지'이다. 이 표현에는 '무엇'이라는 의문사 표현이 있고 주어가 있으므로 의문사절로 표현 → what I said to her last night.

→ I don't remember what I said to her last night.

30. 나는 존에게 누가 오늘 아침에 유리창을 깼는지를 물었다.

동사를 본다. 동사는 '물었다'로 4형식이나 3형식이 된다. 문장 중간에 '존에게'라는 간접목적어의 표현이 있으므로 4형식으로 한다. 직접목적어의 표현은 '누가 오늘 아침에 유리창을 깼는지'라는 표현에서 '누가'라는 의문사 표현이 있으므로 → who broke the window this morning이라는 표현이 된다.

→ I asked John who broke the window this morning.

31. 존은 저 학교에서 어린이들에게 영어를 가르친다.

동사는 '~에게 ~를 가르친다' → 4형식, 현재. 간접목적어는 '어린이들에게', 직접목적어는 '영어를'이므로 단어이다.

→ John teaches children English in that school.

32. 나는 그들이 나에게 묻는다고 해도 그들에게 진실을 이야기하지 않을 것이다.

동사는 '~에게 ~을 이야기할 것이다' → 4형식, 미래. 주어 다음에 나오는 표현 가운데 '그들이 나에게 묻는다고 해도'라는 표현은 양보를 나타내는 부사절 표현이므로 → even if they ask me가 된다.

→ I will not tell them the truth even if they ask me.

---

33. 존은 그가 미셸을 보았을 때 그녀에게 그가 모퉁이에 있는 꽃가게에서 산 꽃들을 주었다.

문장 끝에 있는 동사는 '~에게 ~을 주었다'이므로 4형식, 현재. 문장 중간에 '그가 미셸을 보았을 때'는 시간을 말하는 부사절 → when he saw Michelle. 꽃들 앞에 '그가 모퉁이에 있는 꽃가게에서 산'이라는 표현은 형용사 (관계대명사) 표현 → flowers that he got from the flower shop at the corner.

→ John gave Michelle the flowers which he got from the flower shop at the corner when he saw her.

---

34. 나는 미셸에게 내가 캔디를 산 가게를 보여주었다.

사는 '~에게 ~를 보여주었다' → 4형식, 현재. 직접목적어 '가게' 앞에 '내가 캔디를 산'이라는 형용사절 표현이 있다. 이 형용사절은 '가게'라는 장소를 가리키므로 관계부사절로 영작 → the store where I bought the candy.

→ I showed Michelle the store where I bought the candy.

35. 존은 미셸에게 어디에서 그가 회의 동안 보스턴에서 머물려고 하는지를 말했다.

동사는 '~에게 ~를 말했다' 로 4형식, 과거이다. 간접목적어는 단어 명사, 직접목적어는 '어디에서 그가 회의 동안에 보스턴에 머물려고 하는지'로 의문사 '어디에'라는 표현이 있으므로 의문사절로 영작 → where he would stay in Boston during the meeting.

→ John told Michelle where he would stay in Boston during the conference.

---

36. 존은 미셸에게 어떻게 차를 운전하는지를 그들이 대학에 있을 때 가르쳐주었다.

한국어 동사는 '~에게 ~를 가르쳐주었다'로 4형식, 과거. 간접목적어는 '어떻게 차를 운전하는지를'인데 '어떻게'라는 의문사 표현이 있고 주어가 없으므로 의문사+부정사로 영작 → how to drive a car. 한국어 중간에 '그들이 대학에 있을 때'라는 표현은 시간을 표현하는 부사절 → when they were in college.

→ John taught Michelle how to drive a car when they were in college.

---

37. 리처드는 존에게 그는 원숭이가 아플 때 무엇을 해야 할지를 모른다고 말했다.

동사는 '~에게 ~를 말했다' → 4형식 과거. 간접목적어는 단어인 명사. 직접목적어는 '그는 원숭이가 아플 때 무엇을 해야 할지를 모른다'에서 '원숭이가 아플 때'는 부사절 → when the monkey was sick, '그는 무엇을 해야 할지 모른다'는 의문사구를 포함한 명사절 → he doesn't know what to do.

→ Richard told John that he didn't know what to do when the monkey was sick.

38. 이 매뉴얼을 읽는데 나에게 1주일이 걸렸다.

동사는 '~에게 ~가 걸렸다' 시간이 얼마 걸린다는 4형식, 과거. 주어는 '이 매뉴얼을 읽는다' → to read this manual로 영작. 주어가 길므로 it ~ to 용법 사용.

→ It took me a week to read the manual.

39. 존은 나에게 그는 내가 그의 도움이 필요하면 나를 돕겠다고 약속했다.

동사는 '~에게 ~라고 약속했다.' → 4형식, 과거. 직접목적어 '그는 나를 돕겠다'는 that 명사절 표현으로 영작 → that he would help me. 문장 중간에 '내가 그의 도움이 필요하면'은 조건을 나타내는 부사절 → if I need his help.

→ John promised me that he would help me if I needed his help.

40. 나는 존에게 그는 회의에 다시는 늦어서는 안 된다고 조언했다.

동사는 '~에게 ~라고 조언했다' → 4형식, 과거. 직접목적어는 '그는 회의에 다시는 늦어서는 안 된다'는 that 명사절로 영작 → that he shouldn't late again for the meeting.

→ I advised John that he shouldn't be late again for the meeting.

41. 나는 그들에게 내가 나의 학생들과 같이 있지 않는다면 나를 샘이라고 부르라고 요구 했다.

동사는 '~에게 ~라고 요구했다' → 4형식, 과거. 직접목적어는 '나를 샘이라고 부르라고'인데 이것은 다시 5형식의 표현으로 목적어의 신분을 나타내는 표현 → to call me Sam. 문장의 중간에 있는 '내가 나의 학생들과 같이 있지 않는다면'은 조건절 표현 → if I am not with my students.

→ I asked them to call me Sam if I am not with my students.

42. 나의 부모님들은 나를 오늘날의 나로 만들었다.

동사는 '~을 ~으로 만들었다' → 5형식, 과거. 목적어는 단어인 명사, 문장 중간에 있는 '오늘 날의 나' → what I am today.

→ My parents made me what I am today.

43. 나는 누군가 나의 이름을 두 번 연이어 부르는 것을 들었다.

동사는 '~들었다'로 '들었다'는 3형식으로도 되고 5형식으로도 될 수 있는데 문장 중간에 '누군가 나의 이름을 부르는 것'은 목적어가 어떤 상태에 있는 표현이므로 5형식으로 본다. 목적어는 '누군가'라는 단어인 명사. 목적보어는 '부르는 것'으로 부르는 상태로 볼 수 있으므로 → calling my name로 표현.

→ I heard someone calling my name twice in a row.

44. 나는 존이 아침에 길을 건너는 중인 것을 보았다.

동사는 '보았다'이므로 3형식일 수도 있고 5형식일 수도 있다. 문장 중간에 '존이'라는 주어 표현은 5형식의 목적어에서도 사용될 수 있다. 이 문장은 목적어 존이 길을 건너는 중에 있는 상태를 본 것이므로 5형식으로 영작한다. 목적어는 단어인 명사, 목적보어는 '길을 건너는 중'이므로 상태 → crossing the street.

→ I saw John crossing the street this morning.

45. 나는 미셸이 그녀의 개와 함께 이 오후에 다리를 건너는 것을 보았다.

동사는 '보았다'로 위의 문장과 같이 3형식이나 5형식의 동사이다. 주어 다음에 '미셸이'라는 표현이 나오는데 이는 5형식에서 목적어에 사용되는 표현이기도 하여 5형식으로 영작. '다리를 건너는 것'을 동작이 완료된 것으로 보면 동사원형으로 표현 → cross the bridge this afternoon.

→ I saw Michelle cross the bridge this afternoon with her dog.

46. 나는 지난 밤에 땅이 심하게 흔들리는 것을 느꼈다.

동사는 '느꼈다'인데 이것도 3형식과 5형식 동사이다. 문장 중간에 '땅이 흔들리는 것'은 목적어의 어떤 상태를 표현하는 것이므로 5형식으로 영작 → the ground shaking.

→ I felt the ground shaking violently last night.

47. 나는 존이 회의 전에 그의 사무실을 치우도록 만들었다.

동사는 '만들었다' → 3형식, 5형식 가능. 문장 중간에 '존이'라는 표현과 '치

운다'는 동사 표현으로 보아서 주어는 목적어에게 어떤 동작을 하도록 만든 것으로 본다. 5형식, 과거. '그의 사무실을 치우다' → to clean his office. '회의 전' → before the meeting.

→ I made John clean his office before the meeting.

48. 미셸은 그녀의 친구없이 2년 동안 보스턴에 머무는 것이 어렵다고 생각한다.

동사는 '생각한다'로 이 동사도 3형식이나 5형식으로 영작이 가능한데 문장 중간의 '보스턴에 머무는 것'과 '어렵다'는 표현은 동작인 목적어의 상태를 표현하고 있으므로 5형식으로 영작. '그녀의 친구없이' → without her friends, '2년 동안 보스턴에 머무는 것' → to stay in Boston for two years. 여기서 목적어가 길어지므로 가목적어와 진목적어 (it ~ to) 용법을 사용했다.

→ Michelle thinks it difficult to stay in Boston for 2years without her friends.

49. 그들은 북한이 핵무기를 가지고 있다는 것을 비밀로 지켰다.

동사는 '지켰다'로 이 동사도 3형식이나 5형식으로 볼 수 있는데 문장의 중간 표현을 보면 '북한이 핵무기를 가지고 있다'는 것을 '비밀'로 한 것이니까 목적어 = 목적보어인 표현이다. 5형식으로 영작. 목적어는 → north Korea had nuclear weapons로 하고 가목적어와 진목적어를 사용.

→ They kept it a secret that north Korea had nuclear weapons.

50. 나는 정직이 최선의 정책이라는 것이 말해지는 것을 자주 들었다.

영작 팁: 동사는 '들었다'인데 이 동사도 3형식 혹은 5형식이 가능한 동사이다. 문장 중간에 나온 표현을 보면 '정직이 최선의 정책이라는 것'이 '말해지는' 상태를 표현하고 있기 때문에 5형식으로 영작한다. '정직이 최선의 정책이다'→honesty is the best policy, '말해지는 것'→said라는 과거분사로 표현한다. 주절의 동사가 과거임에도 시제일치를 취하지 않는 이유는 목적어의 내용이 격언이기 때문에 시제일치를 하지 않아도 된다.

→ I often heard it said that honesty is the best policy.

위에 다룬 50문장은 처음에 나온 50문장보다 수식어가 한두 개 더 늘어났고 영작하는 방법을 구체적으로 설명했다. 위에 나온 50개의 문장을 어떻게 영작하는지를 좀 시간을 갖고 연구를 해서 완전히 내 것으로 소화해야 한다.

영작 스파링 3단계-동사와 조동사 익히기

영작 스파링 3단계에서는 조동사와 빈번히 사용되는 동사의 표현에 대해 살펴볼 것이다. 지금까지 나온 동사들은 대부분 동사 그 자체였다. 그러나 실제 문장은 조동사나 동사구 등의 표현이 많이 나오기 때문에 그런 표현이 어떤 것인가를 잘 알아둘 필요가 있다. 물론 여기에 소개하는 내용보다 더 많은 조동사들이 있다. 여기에 소개하는 것은 기초적인 내용이기 때문에 기초적인 것을 마스터하고 난 다음에는 더 많은 조동사의 표현을 익혀야 한다.

예를 들면 '그는 피곤한 상태가 틀림없다'라고 하는 한국어 표현에는 '틀림없다'는 추측의 표현이 들어 있다. 추측은 영어에서 조동사로 표현한다.

'나는 오늘 샘을 만나러 외출하려고 한다'는 표현에는 '~하려고 한다'는 의지의 표현이 있는데 이런 표현은 will이나 be going to~로 표현한다. 그래서 이번 3단계에서는 조동사와 관용적인 동사 표현을 중심으로 영작 훈련을 해보기로 한다.

1. ~ 하기로 되어 있다 → be supposed to+동사원형

나는 이번 달 말까지 이 프로젝트를 끝내기로 되어 있다.

동사 부근을 보면 '끝내기로 되어 있다'이다. ~ 하기로 되어 있다는 be supposed to~를 사용한다. 이번 달 말까지 → by the end of this month.

→ I am supposed to finish this project by the end of this month.

2. ~ 하려고 한다 → be going to + 동사원형

나는 오늘 오후에 나의 친구에게 전화를 하려고 한다.

동사 부근 표현 중에 '하려고 한다' 는 be going to ~로 영작한다.

→ I am going to call my friend this afternoon.

3. ~ 한 적이 있다 → have been to + 명사

나는 전에 영국에 가본 적이 있다.

동사 부근 '~적이 있다' → 완료의 경험이다.

→ I have been to England before.

4. ~ 할 것이다 → will + 동사원형

나는 나중에 너에게 전화할 것이다.

동사 부근의 표현이 '~할 것이다' → will로 표현.

→ I will call you later.

5. ~ 해오고 있는 중에 있다 → have been ~ing

3일 동안 비가 내리고 있는 중이다.

동사 부근 표현 → ~ 해오고 있는 중이다. 특히 계속해서 ~ 해오는 중이다
라는 느낌의 표현은 완료진행형으로 영작한다.

→ It has been raining for 3 days.

6. ~ 했다 → have + 과거분사

나는 나의 프로젝트를 끝냈다.

한국어로 '끝냈다'는 과거나 현재완료 어느 것으로 표현해도 된다. 한국어에는 완료의 개념이 없기 때문이다.

→ I finished my project. (과거로 표현했을 경우)

→ I have finished my project. (현재완료로 표현했을 경우)

---

7. ~ 하곤 했다 → used to+동사원형

나는 매일 약 2마일씩 걷곤 했다.

'걷곤 했다'는 표현은 과거의 어떤 습관을 나타내고 있다. 과거의 규칙적인 습관은 → used to+동사원형으로 영작한다.

→ I used to walk about 2 miles everyday.

---

8. ~ 하곤 했다 → would+동사원형

존은 무엇을 할까 생각하면서 거기에 앉아 있곤 했다.

'하곤 했다'는 표현은 앞에서 다룬 규칙적인 습관일 수도 있고 불규칙적인 습관일 수도 있는데 이번에는 불규칙한 습관으로 보면 → would+동사원형으로 영작한다. '~ 생각하면서'라는 표현은 동시동작을 나타내는 것으로 현재분사를 사용해서 thinking what to do라고 영작한다.

→ John would sit there thinking what to do.

---

9. ~ 하는 것도 당연하다 → may well+동사원형

그는 그의 작업에 대해서 자랑스러운 것이 당연하다.

'~ 하는 것이 당연하다'는 표현은 may well+동사원형으로 영작한다.

→ He may well be proud of his work.

10. ~ 이었을지도 모른다 → may have+과거분사

존이 이곳으로 오는 도중에 어떤 일이 일어났었을지도 모른다.

may 조동사가 추측으로 사용되면 불확실한 추측을 말한다. 이 경우에는 have+과거분사 전체가 불확실하게 된다. 따라서 어떤 것이 완료되었다는 것이 불확실하다는 표현이다. 그래서 한국어로는 '~이었을지도 모른다'는 표현이 된다.

→ Something may have happened to John on his way here.

*may 대신에 cannot이 사용되면, 즉 cannot have+과거분사가 되면 '~이었을 리가 없다'라는 표현이 된다. '그가 그렇게 멀리 갔을 리가 없다.'라는 표현은 He cannot have go so far가 된다.

11. ~ 일 리가 없다 → cannot be+형/명사

그는 신부일 리가 없다.

can은 추측으로 사용되면 부정적인 추측으로 쓰인다. cannot be 다음에 형용사나 명사가 오게 되면 '그런 상태일 리가 없다' 혹은 명사가 오면 '그런 명사일 리 없다'는 의미가 된다. 이 문장의 경우 저런 일을 하고 다니는 것을 보니까 교회에 다니는 신부일 리가 없다는 뜻이다.

→ He cannot be a priest.

12. ~ 임에 틀림없다 → must be+형/명

그는 그것을 먹는 것을 보니까 매우 배가 고팠음에 틀림없다.

여기서도 must가 추측으로 사용되었고 그 뒤에 형용사가 나오면 상태의 추측, 명사가 나오면 어떤 존재를 추측하는 것이 된다. 위의 문장에서 '그것을 먹는 것을 보니까'는 부정사의 부사적 용법으로 해결해서 → to see him eat that.

→ He must be very hungry to eat that.

13. ~ 하는 것도 좋겠다 → may as well＋동사원형

너는 너무 늦기 전에 그녀에게 전화하는 게 좋겠다.

'~하는 게 좋겠다'는 표현은 may as well ~이나 had better ~로 표시한다. 또 may as well ~은 might as well ~이라고도 한다. 복잡하게 느끼는 독자들은 had better ~ 하나만 알고 있어도 문제는 없다. 그러나 다른 사람들이 이런 표현을 사용했을 때 의미를 정확하게 아는 것이 중요하다. 너무 늦기 전에는 → before it's too late로 표현한다.

→ You may as well call her before it's too late.

14. ~ 하는 편이 좋다 → had better＋동사원형

너는 이것에 대해서 누구에게도 말하지 않는 게 좋겠다.

May as well ~과 같은 의미로 사용된다. Had better ~를 사용하면 ~하는 편이 좋겠다는 의미인 동시에 하지 않으면 뒤에 그에 상응하는 처벌이 있을 거라는 뉘앙스가 있다. "너 그거 하는 게 좋겠어. 안 하면 나중에 그것에 대해서 뭔가 나쁜 게 있을 거야"라는 식의 의미가 포함되어 있다.

→ You had better not tell anyone about this.

15. ~ 할 수 있다 → can＋동사원형

존은 일본어와 영어를 둘 다 말 할 수 있다.

'할 수 있다'는 표현은 can으로 표현한다. A 와 B 둘 다라는 표현은 both A and B.

→ John can speak both Japanese and English.

16. ~ 할 필요가 없다 → don't have to＋동사원형

너는 더 이상 그곳에 갈 필요가 없다.

'~ 할 필요가 없다'는 don't have to ~ 혹은 need not ~이라는 표현을 사용한다. 먼저 자신에게 쉽게 느껴지는 표현을 사용하고 나중에 다른 것을 추가해도 된다. 주로 회화체에서는 don't have to ~가 사용된다.

→ You don't have to go there anymore.

17. ~ 해도 좋다 → may＋동사원형

너는 지금 앉아도 좋다.

'해도 좋다'라는 허가를 나타내는 표현으로는 may 조동사를 사용한다. may 가 추측으로 사용되면 불확실한 추측을 나타내기도 한다. 문장의 분위기에 따라 불확실한 추측인지 아니면 허가인지를 구분해야 한다.

→ You may sit down now.

18. ~ 했어야 했다 → should have ＋과거분사

나는 좀 더 열심히 공부를 했어야 했었다.

'뭔가를 했었어야 했는데 못했다'라는 후회를 나타낼 때 should have＋과거분사 표현을 사용한다.

→ I should have studied a little bit harder.

19. ~ 하지 않았어야 했는데 → should not have+과거분사

나는 그 두 번째 집을 사지 않았어야 했었다.

했어야만 했는데 안한 것을 표현하고자 할 때는 should have+과거분사를 사용하지만 반대로 하지 않았어야 했는데 해버린 경우는 should not have+과거분사의 표현을 사용한다.

→ I shouldn't have bought the second house.

지금까지 조동사의 표현을 살펴보았다. 이 외에도 더 많은 조동사 표현이 있지만 기초를 공부하는 독자에게는 더 많은 내용이 부담이 될 수 있기 때문에 이 정도만 제시한다. 하지만 이 내용이 완전히 소화되면 다른 표현을 마스터해야 한다.

아래부터는 기초적인 동사 표현을 살펴보도록 한다. 단어인 동사인 경우에는 그 내용을 암기해야 하는 수밖에 없지만 여기서 다루는 동사들은 두 개 이상의 단어가 모여서 우리가 자주 사용하는 표현을 나타내기 때문에 간단하지만 특별하게 다룬다.

20. ~ 그럭저럭 해내다 → manage to+동사원형

존은 그의 프로젝트를 기한 안에 겨우 끝냈다.

'겨우~ 했다' '그럭저럭 ~ 했다'는 식의 표현은 manage to~로 표현하면 된다. 힘들게 어떤 것을 하는 상황을 표현한다.

→ John managed to finish his project in time.

21. ~ 에 놀라다 → be surprised at + 명사

나는 그 여배우가 갑자기 죽었다는 소식을 듣고 매우 놀랐다.

'~을 듣고 놀랐다' '~라는 소식에 놀랐다'라는 한국어 표현은 be surprised at+명사로 표현하면 된다.

→ I was very surprised at the news of the actress's sudden death.

---

22. ~ 에 만족하다 → be pleased with + 명사

나는 그 시험 결과에 매우 만족한다.

'~ 에 만족한다'는 표현은 be pleased with ~로 표현한다. with 다음에는 명사가 온다.

→ I am very pleased with the test result.

---

23. ~ 에 익숙하다 → be used to 명사

나는 아침 일찍 일어나는 것에 익숙하지 않다.

'익숙하다'는 be used to 명사로 표현한다. 이 표현은 조심해야 하는데 be used to에서 to가 전치사라는 것이다. used to+동사가 오는 표현과 혼동되지 않도록 한다. 이 영작에서 getting은 동명사이다.

→ I am not used to getting up early in the morning.

---

24. ~ 에 화내다 → be angry at 명사

나는 그의 무례한 행동에 화가 났다.

'화가 났다'는 be angry at ~으로 표현한다. at 뒤에는 명사가 오는 것이 기본이다.

→ I was angry at his rude behavior.

25. ~으로 유명하다 → be famous for 명사

한국은 그의 태권도로 유명하다.

'~으로 유명하다'는 표현은 be famous for 명사로 표현한다.

→ Korea is famous for its Taekwondo.

26. ~은 말할 것도 없다 → It goes without saying that 평서문

네가 너의 엄마를 도와야 한다는 것은 말할 것도 없다.

'~ 하는 것은 말할 것도 없다'는 어떤 일이 너무 당연해서 자동적으로 그렇게 된다는 의미다. that절 뒤에는 평서문이 온다.

→ It goes without saying that you should help your mother.

27. ~을 강요당하다 → be forced to + 동사원형

존은 그곳에 다시 가도록 강요받았다.

'~을 강요당하다' 혹은 '강제적으로 ~하게 되었다'는 표현은 be forced to + 동사원형으로 표현한다.

→ John was forced to go there again.

28. ~ 을 기꺼이 하다 → be ready to 동사, be willing to 동사

나는 너를 위해서 뭐든지 할 준비가 되어 있다.

'~을 기꺼이 하겠다' 혹은 '~ 할 준비가 되어 있다'는 표현은 be ready to 동사, be willing to 동사로 표현한다.

→ I am ready to do anything for you.

*나는 너를 위해서라면 뭐든지 기꺼이 하겠다

→ I am willing to do anything for you.

29. ~ 을 두려워하다 → be afraid of 명사

존은 큰 개를 무서워한다.

'~을 두려워한다' 혹은 '~을 무서워한다'는 표현은 be afraid of ~로 한다. 물론 of 뒤에는 명사가 오며 과거를 표현하고자 하면 be동사를 적절한 과거로 바꾸면 된다.

→ John is afraid of big dogs.

30. ~을 바란다 → be anxious for 명사

우리는 그들의 행복을 간절히 바란다.

'~을 간절히 바란다' 혹은 '~을 열망한다'는 표현은 be anxious for ~로 표현한다.

→ We are anxious for their happiness.

*이와 비슷한 표현으로 be anxious to+동사원형이 있다. 이것은 어떤 동작을 간절히 원할 때 사용하는 표현인데 예를 들면 '우리는 우리의 새 손자를 보기를 간절히 원한다'는 표현을 하기 위해서는 anxious to ~를 사용해서 이렇게 표현한다.

→ We are anxious to see our new grandson.

31. ~ 을 알고 있다 → be aware of 명사

나는 그 당시에 너의 의도를 인식하지 못했다.

'~을 알고 있다' 혹은 '인식하고 있다'라는 표현을 하려면 be aware of ~를 사용하면 된다. know와 다른 점은 know가 어떤 지식을 아는 것을 의미한다면 aware는 느낌을 통한 인식이라고 볼 수 있다.

→ I wasn't aware of your intention at that time.

32. ~ 을 자랑하다 → be proud of 명사

그들은 그들의 아이를 매우 자랑스럽게 생각한다.

'~을 자랑스럽게 생각하다' 혹은 '자랑하다'에 해당하는 표현은 be proud of ~로 하면 된다. proud는 뭔가 그것에 대해서 생각할 때 기분이 좋거나 만족감을 느낄 때 사용한다. 이 경우는 그들의 아이를 생각할 때 만족감이 들고 보람을 느낀다는 말이다.

→ They are proud of their child.

*물론 of 다음에는 동명사 같은 것을 넣어서 동작에 대한 만족을 표현할 수도 있다. 예를 들면 '존은 그가 그 프로젝트를 제 때에 끝난 것을 자랑스럽게 생각한다'는 문장은 아래처럼 표현한다.

→ John is proud of completing his project on time.

33. ~ 을 잘한다 → be good at 명사

그는 수학을 잘한다.

'~을 잘한다' 혹은 '~에 재능이 있다'는 표현은 be good at~으로 표현하면 된다. 무엇을 하는 데 자신이 있는 뜻으로 사용되기도 한다. 많이 사용하는 표현이므로 반드시 외워두도록 한다.

→ He is good at math.

*다른 표현도 마찬가지지만 at 다음에 동명사가 나오면 그 동작에 능하다는 표현이 된다. 즉 '그녀는 피아노를 잘 친다'는 아래처럼 표현된다.

→ She is good at playing the piano.

34. ~ 이 부족하다 → be short of 명사

우리는 새로운 훈련 프로그램을 위한 자금이 부족하다.

'~ 부족하다' 혹은 '~ 모자란다'는 표현은 be short of~로 표현하면 된다.

→ We are short of funds for new training program.

35. ~이 풍부하다 → be rich in 명사

두부는 양질의 단백질이 풍부하다.

'~이 풍부하다' 혹은 '~이 충분히 많다'는 표현은 be rich in~이라는 표현을 사용한다. 앞에서 생각해본 be short of~가 모자란다는 표현이라면 be rich in~은 그 반대의 표현으로 보면 된다.

→ Tofu is rich in high-quality protein.

36. ~ 하게 되다 → come to + 동사원형

나는 그녀가 보스턴 출신이라는 것을 어쩌다 알게 되었다.

'~어쩌다 보니까 ~하게 되었다' 라든지 혹은 '그냥 ~하게 되다'는 표현은 come to ~로 표시하면 된다. 의도하지 않았는데 어떻게 하다보니 그렇게 되었다는 의미이다. 이와 비슷한 표현이 나중에 나오게 되는 happened to ~라는 표현이 있다. '우연히 ~ 하다' 혹은 '즉흥적으로 ~ 하다'는 표현이다.

→ I came to know that she was from Boston.

→ I happened to know that she was from Boston.

37. ～ 하기 쉽다 → be apt to 동사

너는 너의 시간을 낭비하기 쉽다.

'～ 하기 쉽다' 혹은 '쉽게 하게 된다'는 표현은 be apt to～를 사용한다. 비슷한 표현으로는 be easy to ～. 예를 들면 영어는 배우기 쉽다라고 한다면 → English is easy to learn이라고 하면 된다. 여기서 너는 특정한 사람이라기보다는 일반적으로 사람은 시간을 낭비하기가 쉽다는 식으로 보아야 한다.

→ You are apt to waste your time.

38. ～ 하기에 바쁘다 → be busy ～ing

나는 나 자신을 돌보기에 바쁠 것이다.

' ～ 하는데 바쁘다'라는 표현은 be busy ～ing으로 표현하는데 원래는 be busy in ～ing이었는데 전치사 in을 생략하고 be busy ～ing으로 사용한다.

→ I will be busy taking care of myself.

39. ～ 하는 것을 실패하다 → fail to＋동사원형

그들은 기한 날짜까지 청구서를 지불하는 것을 실패했다.

'～ 하는 것을 실패하다' 혹은 '～ 하는 것을 못하다'는 표현은 fail to ～로 표현한다.

→ They failed to pay the bill by the dead line.

40. ~ 하러 가다 → go ~ing

그는 매 토요일에 친구들과 함께 낚시 하러 간다.

'~ 하러 간다' 는 go ~ing이라는 표현을 사용하는데, 하이킹을 하러 가다 (go hiking), 수영하러 가다(go swimming), 산 타러 가다(go climbing), 볼링 하러 가다(go bowling), 캠핑 하러 가다(go camping), 스키 타러 가다 (go skiing), 스쿠버 다이빙 하러 가다(go scuba diving), 쇼핑 하러 가다(go shopping), 뱃놀이 가다(go boating), 조깅 하러 가다(go jogging), 춤 추러 가다(go dancing), 뛰러 간다(go running), 사냥하러 가다(go hunting) 등의 표현들이 있다.

→ He goes finishing every Saturday with his friends.

41. ~ 하지 않을 수 없다 → cannot help ~ing

나는 그에게 그가 왜 그곳에 가지 않았는지를 묻지 않을 수가 없었다.

'~ 하지 않을 수 없다'는 표현은 cannot help ~ing으로 표현한다.

→ I couldn't help asking him why he didn't go there.

42. ~ 할 가치가 있다 → be worth ~ing

보스턴은 만일 당신이 미국에 어쩌다 있다면 방문할 가치가 있다.

'방문 할 가치가 있다'는 ~ be worth ~ing으로 표현한다. 어쩌다 ~한다면 은 If you happened to ~로 표현한다. '어쩌다 그녀를 보게 된다면'은 If you happen to see her ~가 된다.

→ Boston is worth visiting if you happen to be in the USA.

43. ~ 할 것 같다 → be likely to 동사

그는 그곳에 다시 갈 것 같다.

확실히 모르는 상황에서 어떤 것이 일어날 것 같다는 자신의 의견을 말할 때 사용하는 표현이다.

→ He is likely to go there again.

---

44. ~ 할 수 없다 → There is no ~ ing

네가 다음에 무엇을 할지는 알 길이 없다.

이 구문은 ~ing을 부정하는 표현이다. There is no denying ~이라고 하면 '부정할 길이 없다'이고 There is no knowing ~은 알 길이 없다, There is no telling ~은 예측할 길이 없다는 표현이 된다.

→ There is no knowing what you will do next.

---

45. ~ 할 예정이다 → be to + 동사원형

그 선생님들은 다른 사람들을 가르칠 예정이다.

'~ 할 예정이다' 혹은 '~할 것이다'라는 표현은 be+부정사로 표현할 수 있다. 반드시 그렇다는 것은 아니며 be+부정사는 예정이나, 의무, 의도 등을 나타낼 수 있다는 말이다.

→ Those teachers are to teach others.

---

46. ~ 해도 소용없다 → It is no use ~ ing

나에게 이렇게 말해봐야 소용없다.

'해봐야 소용없다'는 It is not use ~ing으로 표현한다. ~ing은 동사와 같게 취급하여 자동사와 타동사를 구분하고 타동사이면 목적어를 수반한다. 동사이기에 부사가 나와서 동사 하는 이유, 방법, 시간, 장소를 설명할 수 있다.

→ It is no use talking to me like this.

47. ~ 흥미가 있다 → be interested in+명사

나는 음악에 흥미가 있다.

'~에 흥미가 있다'는 표현은 'be interested in~'으로 표현한다. in이 전치사이므로 명사가 나온다.

→ I am interested in music.

48. 우연히 ~ 하게 되다 → happen to + 동사원형

나는 그 당시에 그녀의 이름을 우연히 기억했다.

'우연히 ~ 하게 되다'라는 표현은 happen to~로 표현한다. 앞에서 나온 come to~도 이와 비슷한 뜻으로 사용된다.

→ I happened to remember her number at that time.

49. A가 ~ 하는 것은 ~ 이다 → it is ~ for A to + 동사원형

네가 이 대학으로부터 졸업하기 위해서는 이 코스를 택하는 것이 필요하다.

부정사 주어의 상태를 말하는 표현이다. 여기의 주어는 '네가 이 대학으로부터 졸업하기 위해서는 이 코스를 택하는 것이 필요하다' 즉, 이것의 상태가 필요하다는 것이다. 이처럼 주어가 명사구나 명사절이 될 때 it is ~ for A to ~와 같은 표현을 사용한다.

→ It is necessary for you to take this course to graduate from this college.

50. A가 ~ 하는 것은 ~이다 → it is ~ of A to + 동사원형

그녀가 그런 거짓말쟁이를 믿는 것은 바보스럽다.

49번의 it is ~ for A to+동사원형과 비슷하지만 의미상의 주어를 표현할 때 of+명사로 표현하는 것이 다르다. 주로 사람의 성질이나 성품을 표시하면 it is ~ of A to~라는 표현을 사용한다.

→ It is foolish of her to believe such a liar.

이제까지 50문장 영작, 확장 50문장, 조동사와 동사 표현 50문장 이렇게 해서 총 150문장을 살펴보았는데 이것은 아주 기초이고 기본이 되는 문장이다. 반드시 이 150문장을 한국어를 보고 영작을 하도록 한다. 이런 정도의 영작이 안 되면 다음으로 넘어가서는 안 된다. 이것이 확실히 된 뒤에 다음에 나오는 내용을 공부하도록 한다.

영작 스파링 4단계-의문문 익히기

평서문과 함께 가장 많이 사용되는 문장이 의문문이다. 의문문에는 일반의
문문, 특수의문문 그리고 간접의문문이 가장 많이 사용된다고 볼 수 있다.
한국어로 표현된 의문문은 어떻게 영작하면 될까? 앞에서도 의문문에 대해
서 설명한 바 있지만 이번에는 한국어로 표현된 문장을 어떻게 영작할 수 있
는지에 대한 기초 훈련을 해보도록 한다.

여기에서 언급하는 의문문 영작 방법은 어떤 것이 좋고 나쁘고를 따질 수는
없다. 상황에 따라 장점이 있는 방법이 다르기 때문이다. 자신에게 맞는 방
법을 상황에 따라 사용해 바른 영작을 한다면 그것이 가장 좋은 방법일 것이
다.

일반적으로 의문문의 형태 4가지 정도는 익혀두어야 한다.

① Be동사, 조동사, Do+주어+동사 ~? 형태

우리가 앞에서 일반의문문이라고 배웠던 형태인데 의문사가 없는 문장의 형
태이다. 이런 형태의 의문문은 한국어의 동사 부분이 다음과 같은 표현으로
끝난다.

~ 입니까? (be동사)

~ 이었나요? (be동사의 과거)

~ 합니까? (do, does)

~ 했습니까? (did)

~ 할 수 있나요? (can)

~ 해도 되나요? (may)

~ 해야만 하나요? (must, have to)

~ 할 것인가요? (will, shall)

따라서 be동사나 조동사가 있는 평서문인 경우에는 be동사와 조동사를 문장 앞으로 도치시키면 된다.

당신은 의사입니까? → 당신은 의사이다 → You are a doctor → Are you a doctor?가 된다.

당신은 영어를 할 수 있나요? → 당신은 영어를 할 수 있다 → You can speak English → Can you speak English?

당신은 그 프로젝트를 끝냈나요? → 당신은 그 프로젝트를 끝냈다 → You finished the project → Did you finish the project?

아주 원시적인 방법일지 모르나 중요한 것은 스스로 영어로 문장을 만들어 본다는 것이다. 한두 번 이렇게 문장을 만들어보면 비슷한 문장은 이런 과정을 거치지 않고도 단어를 갈아 끼워서 다른 말을 하도록 한다.

② 기계적인 방법으로 의문문을 만들 수도 있다.

한국어 표현의 동사 부근을 본다. 그리고 be동사인지를 먼저 보고 있으면 주어를 보고 적절한 be동사를 선택해서 주어 앞으로 도치시킨다. Be동사가 아니면 조동사가 있는지 본다. 조동사가 있으면 조동사를 주어 앞으로 도치시킨다.

당신은 의사입니까? '입니까?'로 끝났으니 be동사다. 주어는 당신이다. 그러면 be동사는 Are이다. Are you a doctor?

당신은 영어를 할 수 있나요? 문장 끝에 '할 수'라는 조동사가 있다. 조동사가 있으니 문장 앞으로 can을 도치시킨다. 나머지 문장은 평서문과 같다. Can you speak English?

당신은 그 프로젝트를 끝냈나요? 문장 끝의 동사는 be동사도 조동사도 아닌 일반동사의 과거형이다. 따라서 did를 문장 앞으로 도치시킨다. 나머지는 평서문이다. Did you finish your project? Did라는 조동사가 시제를 표시하기 때문에 조동사 뒤에는 동사원형이 와야 한다. 그래서 Did you finish your project?라는 문장이 되었다.

또는 상대방의 직업이나 신분 혹은 상태를 물을 때는 'Are you ~?'라고 기억을 했다가 적절한 단어를 넣어 말을 할 수도 있다. Are you a doctor? Are you sad? Are you John's father? 등등을 만들어내기도 한다. 어떤 방법이 중요한 것이 아니라 어떤 상황을 어떻게 빨리 영어로 만드는가가 중요하다. 위의 방법을 적절히 사용해서 바른 의문문을 만들면 그것이 최선의 방법이라는 것을 잊지 마라.

③ 의문사+Be동사, 조동사, Do+주어+동사 ~? 형태

앞에서 다룬 일반의문문에 의문사가 앞에 붙은 경우이다. 의문사는 단어인 경우와 의문사+부정사, 의문사절 이렇게 3가지 경우가 있을 수 있으므로 한국어 문장을 보고 어느 경우인지를 알아야 한다.

한국어로 의문사는 '누가, 무엇, 언제, 어디서, 어떻게, 왜, 그리고 얼마나'라는 단어들을 말한다. 이런 단어가 보이면 의문사 단어인지(의문사 의문문), 의문사구인지(의문사+부정사), 아니면 의문사절인지(간접의문문)를 빨리 파악해야 한다.

일반적으로 의문사 단어인 경우는 의문사 뒤에 동사가 한 개 나오는 경우이다. 즉 '너는 언제 그곳에 갔었니?'라는 표현에는 '언제'라는 의문사 뒤에 '갔었니'라는 동사가 한 개 나온다. 이것은 의문사 의문문의 경우이다.

'너는 어떻게 그 문제를 풀었니?'라는 문장은 '어떻게'라는 의문부사 뒤에 동사가 1개이므로(풀었니) 의문사 의문문이다. 의문사 의문문은 의문사를 주어 앞으로 도치시키고 나머지를 일반의문문과 같은 방법으로 의문문을 만든다. 너는 어떻게 그 문제를 풀었니? '어떻게'라는 단어인 의문부사 발견. 의문사를 주어 앞으로 도치시킨다. 나머지는 일반의문문 만드는 법칙에 따라 동사를 본다. 동사는 일반동사이며 과거이다. 그러면 did가 문장 앞으로 나가 How did가 된다. 나머지는 5형식의 어순을 따른다.

→ How did you solve the problem?

④ 의문사＋동사 ~? 형태

이 경우는 주어가 의문사인 경우이다. 즉 주어를 몰라서 주어를 질문하는 경우이다. '누가 그 유리창을 깼니?'라는 표현은 의문사가 주어인 의문문이다. 이렇게 주어를 모르는 경우는 평서문에서 주어를 적절한 의문대명사로 바꾸어 넣으면 의문사 의문문이 된다. 이 경우에는 '누가'가 사람이므로 'who'라는 대명사를 주어 자리에 집어넣고 나머지는 5형식을 영작하듯이 하면 된다.

→ Who broke the window?

위에서 다룬 의문문은 일반의문문과 특수의문문이다. 영어에는 간접의문문이 있는데 특히 의문사 의문문이 명사절이 되어서 문장의 주어, 목적어, 보어로 사용된 경우에 의문사가 문장 중에 있어서 특수의문문과 구분하는 연습이 필요하다.

즉 한국어 표현에 '누가, 무엇, 언제, 어디서, 어떻게, 왜, 얼마나'라는 표현이 나오면 의문사 의문문인지(의문사 단어가 문장 앞으로 나가는 위의 1번과 3번의 경우) 아니면 의문사+부정사인 명사구인지 아니면 의문사로 만들어지는 명사절인지를 분별해서 영작해야 한다. 의문사+부정사와 의문사절의 경우는 의문사가 문장 앞으로 나가지 않고 명사구와 의문사절 앞에 놓이게 된다.

⑤ 의문사+부정사의 경우

'너는 무엇을 해야 할지 아나요?'라는 한국어 표현을 보면 '무엇'이라는 의문사 표현 뒤에 동사 2개('해야 할지'와 '아나요?')가 나오므로 이것은 의문사+부정사나 혹은 의문사절인데 '나는'이라는 문장의 주어 이외에 다른 주어의 토씨 '은, 는, 이, 가'가 나오지 않으므로 의문사+부정사의 표현인 것을 알 수 있다. 이 한국어 표현의 '의문사+부정사'는 what to do이다. 전체 영어 문장은 Do you know what to do?가 된다.

⑥ 의문사절인 경우

'너는 샘이 언제 미국에 가는지를 아니?'라는 한국어 표현을 보면 '샘이'라는 주어의 표현이 나오고 '언제'라는 의문사 표현과 그 뒤에 2개의 동사('가는지'와 '아니?')가 나오므로 이 표현은 의문사절이다. '샘이 언제 미국에 가는지'에 해당하는 영어 표현은 when Sam goes to the USA가 된다. 전체 영어 문장은 Do you know when Sam goes to the USA?가 된다.

의문사절이 다른 문장의 주어, 목적어, 보어가 되는 경우는 문장 자체가 의문문이 아니어도 간접적으로 의문을 나타낼 수 있다. 즉 '너는 샘이 언제 미국에 가는지 아니?'라는 의문사절 의문문은 '나는 샘이 언제 미국에 가는지 몰라'라는 평서문과 전달하는 의문의 내용이 비슷하다. 따라서 문장 자체가 의문문이 아니어도 의문문의 기능을 하는 간접의문문이 있다는 것을 잊지 마라.

앞에 나온 몇 가지 의문문을 다룰 줄 알게 되면 나머지는 쉽게 이해될 것이다. 중요한 것은 많은 연습을 통해서 한국어 표현을 보면 어떻게 영작이 되어야 하는지를 빨리 아는 것이다.

위의 내용을 다음의 50문장의 의문문 문장 영작 훈련을 통해서 연습해본다.

1. 당신은 선생입니까?

한국어 표현을 좌측에서 우측으로 읽어 나가면서 우선 의문사 단어에 해당하는 표현이 있는지 본다. 없다. 그러면 동사 부근을 보면서 3가지 정보를 얻는다. ①시제 ②조동사 정보 ③몇 형식 표현인지를 보면서 동사 단어 자체의 정보를 얻는다. 시제는 입니까 → 현재, 조동사 표현 → 없다, 동사 정보 → 입니까?는 2형식 be동사. be동사는 주어에 따라 다르게 변하기 때문에 주어를 보아야 한다. 주어는 '당신'. 이런 정보를 가지면 다음의 영작이 가능하게 된다.

→ Are you a teacher?

처음 한두 번은 위의 방법으로 분석하며 영작을 하지만 매번 위의 방법을 따라서 하지는 않는다. 위의 분석이 많은 연습을 통해서 익숙해지면 상대방의 직업, 신분, 상태, 주어=보어를 이야기할 때는 주어에 맞는 be동사를 문장 맨 앞에 놓고 주어를 놓은 뒤에 보어를 놓는다, 라는 습관이 생기게 되어 자연스럽게 영작이 가능하게 된다. 아래의 방법은 위의 분석을 요약한 것이다. 다음과 같은 요령을 따라 의문문을 영작해보자.

2. 당신은 보스턴에서 온 존의 아버지인가요?

① 인가요?라는 신분 질문 → 2형식

② 주어에 맞는 be동사 → are

③ 보스턴에서 온 → 전+명구 → from Boston

→ Are you John's father from Boston?

3. 당신은 배가 고픈가요?

① 배가 고픈가요?라는 상태 질문 → 2형식

② 주어에 맞는 be동사 → are

→ Are you hungry?

4. 당신은 영어를 할 수 있나요?

① 할 수 있나요? → 3형식(동사 앞에 ~를 있음), 조동사 can

② 주어는 → you

③ 동사는 → speak

④ 목적어 → English

→ Can you speak English?

5. 내가 당신의 전화를 사용해도 되나요?

① 해도 되나요? → 3형식, 조동사 may

② 주어는 → I

③ 동사는 → use

④ 목적어 → phone

→ May I use your phone?

---

6. 내가 그곳에 오늘 가야만 하나요?

① 가야만 하나요? → 간다 → 1형식, 조동사 must

② 주어는 → I

③ 동사는 → go

→ Must I go there today?

→ Do I have to go there today? (*회화체에서는 이렇게 사용)

---

7. 당신은 내일 교회에 갈 건가요?

① 갈 건가요? → will, go

② 주어는 → you

③ 교회에 → to church

→ Will you go to church tomorrow?

---

8. 내가 그녀에게 전화를 해야 할까요?

① 해야 할까요? → shall, call

② 주어는 → I

→ Shall I call her?

---

9. 당신은 그녀를 좋아하나요?

① 좋아하나요? → like, 3형식(동사 앞에 ~를), 현재

② 주어 → you

③ 의문조동사 → do

→ Do you like her?

---

10. 존은 미셸을 좋아하나요?

① 좋아하나요? → like, 3형식(동사 앞에 ~을), 현재

② 주어 → John, 주어가 3인칭 현재

③ 의문조동사 → 주어가 3인칭 단수이므로 does

→ Does John like Michelle?

---

11. 당신은 숙제를 끝냈나요?

① 끝냈나요? → finish, 3형식, 과거

② 주어 → you

③ 의문조동사 → did

→ Did you finish your homework?

---

12. 당신은 전에 일본에 가본 적이 있나요?

① 가본 적이 있나요? → 경험, 조동사 → have+과거분사

② 주어 → you

③ 의문조동사 → have(완료시제의 조동사)

→ Have you ever been to Japan before?

---

13. 당신은 이번 주말에 영어 공부를 하려고 하나요?

① 하려고 하나요? → 작정, 조동사 → be going to~

② 주어 → you

③ 의문조동사 → be(be going to~ 작정)

→ Are you going to study English this weekend?

14. 당신은 그 뉴스에 놀랐나요?

① 놀랐나요? → 수동태, 조동사 → be+과거분사

② 주어 → you

③ 의문조동사 → be (be+과거분사)

→ Are you surprised at the news?

15. 당신은 오늘 밤 연설을 하기로 되어 있나요?

① 하기로 되어 있나요? → 예정, 조동사 → be supposed to~

② 주어 → you

③ 의문조동사 → be(be supposed to~)

→ Are you supposed to make a speech tonight?

16. 당신은 지금 무엇을 하고 있나요?

① 의문사 → 있음, 무엇 → what

② 의문사 표현을 문장 앞으로 내보냄

③ 하고 있나요? → 3형식, 진행형, do

④ 주어 → you

⑤ 의문조동사 → be + ~ing → be

→ What are you doing now?

17. 누가 그녀에게 내일 전화를 할 건가요?

① 의문사 표현? → 누가 → who

② 의문사 표현을 문장 앞으로 내보냄

③ 할 건가요? → will, call, 3형식

④ 주어 → 누가 → who

⑤ 조동사 → will이 있으므로 그것을 사용

→ Who will call her tomorrow?

18. 당신은 누구를 믿나요?

① 의문사 표현 → 있음, 누구를 → whom

② 의문사 표현 whom을 문장 앞으로 보냄

③ 나머지는 일반의문문을 영작하듯이 영작

④ 믿나요? → 3형식, trust, 현재

⑤ 주어 → you

⑥ 의문조동사 → 일반동사, 현재, 2인칭 → do

→ Whom do you trust?

19. 당신의 의견은 무엇입니까?

① 의문사 표현 → 있음, 동사는 한 개, 무엇 → what

② 의문사 표현을 문장 앞으로 보냄

③ 나머지는 일반의문문을 영작하듯이 함

④ 입니까? → 2형식, 보어 질문

⑤ 주어 → 당신의 의견 → 3인칭 → your opinion

⑥ 동사 → is

→ What is your opinion?

20. 당신은 언제 미국에 가나요?

① 의문사 표현 → 있음, 동사는 한 개, 언제 → when

② 의문사 표현을 문장 앞으로 보냄

③ 나머지는 일반의문문을 영작하듯이 함

④ 가나요? → 간다 → 1형식, 시간 질문

⑤ 주어 → 당신 → you

⑥ 동사 → go

⑦ 의문조동사 → do

→ When do you go to the US?

21. 당신은 어젯밤에 어디에 갔었나요?

① 의문사 표현 → 있음, 동사는 한 개, 어디에 → where

② 의문사 표현을 문장 앞으로 보냄

③ 나머지는 일반의문문을 영작하듯이 함

④ 갔었나요? → 가다, go, 과거 시제

⑤ 의문조동사 → 과거시제이므로 → did

→ Where did you go last night?

22. 그는 이 문제를 어떻게 풀었나요?

① 의문사 표현 → 있음, 동사는 한 개, 어떻게 → how

② 의문사 표현을 문장 앞으로 보냄

③ 나머지는 일반의문문을 영작하듯이 함

④ 풀었나요? → 3형식, 과거, solve

⑤ 의문조동사 → 일반동사이고 과거이므로 → did

→ How did he solve this problem?

23. 당신은 왜 그를 미워하나요?

① 의문사 표현 → 있음, 동사는 한 개, 왜 → why

② 의문사 표현을 문장 앞으로 보냄

③ 나머지는 일반의문문을 영작하듯이 함

④ 미워하나요? → 3형식, 현재, hate

⑤ 의문조동사 → 일반동사이고 현재이므로 → do

→ Why do you hate him?

24. 그녀는 얼마나 많은 사과를 아침에 먹었나요?

① 의문사 표현 → 있음, 동사는 한 개, 얼마나 많은 사과 → how many apples

② 의문사 표현을 문장 앞으로 보냄

③ 나머지는 일반의문문을 영작하듯이 함

④ 먹었나요? → 3형식, 과거, eat

⑤ 의문조동사 → 일반동사이고 과거이므로 → did

→ How many apples did she eat this morning?

25. 당신은 얼마나 많은 돈을 당신과 함께 가지고 있나요?

① 의문사 표현 → 있음, 동사는 한 개, 얼마나 많은 돈 → how much money

② 의문사 표현을 문장 앞으로 보냄

③ 나머지는 일반의문문을 영작하듯이 함

④ 가지고 있나요? → 3형식, 현재, have

⑤ 의문조동사→일반동사이고 현재 주어가 you → do

→ How much money do you have with you?

---

26. 당신은 얼마 전에 여기에 왔나요?

① 의문사 표현 → 있음, 동사는 한 개, 얼마 전에 → how long ago

② 의문사 표현을 문장 앞으로 보냄

③ 나머지는 일반의문문을 영작하듯이 함

④ 왔나요? → 3형식, 과거, come

⑤ 의문조동사 → 일반동사이고 과거 주어가 you → did

→ How long ago did you come here?

---

27. 당신은 얼마나 자주 그곳에 가나요?

① 의문사 표현 → 있음, 동사는 한 개, 얼마나 자주 → how often

② 의문사 표현을 문장 앞으로 보냄

③ 나머지는 일반의문문을 영작하듯이 함

④ 가나요? → 1형식, 현재, go

⑤ 의문조동사 → 일반동사이고 과거 주어가 you → do

→ How often do you go there?

당신의 아버지는 몇 살입니까?

① 의문사 표현 → 있음, 동사는 한 개, 몇 살 → how old

② 의문사 표현을 문장 앞으로 보냄

③ 나머지는 일반의문문을 영작하듯이 함

④ 입니까? → 2형식, 현재, be동사

⑤ 주어 → 당신의 아버지 → 3인칭 단수 → Your father

⑥ 의문조동사 → be동사이고 현재 주어가 3인칭 → is

→ How old is your father?

29. 당신은 누구를 믿어야 할지 아나요?

① 의문사 표현 → 있음, 동사는 두 개, 누구를 → whom

② 동사가 2개면 의문사구나 의문사절 표현임

③ '당신은'이라는 문장의 주어 외에 다른 주어가 없으므로 의문사구 →
whom to trust

④ 의문사구는 문장 앞으로 나가지 않고 명사로만 사용됨

⑤ 아나요? → know, 현재, 3형식

⑥ 주어 → 당신 → you

⑦ 의문조동사 → 일반동사, 현재, 주어는 2인칭 → do

→ Do you know whom to trust?

30. 그녀는 무엇을 해야 하는지 아나요?

① 의문사 표현 → 있음, 동사는 2개, what

② 동사가 2개면 의문사구나 의문사절 표현임

③ '그녀는'이라는 문장의 주어 외에 다른 주어가 없으므로 의문사구 →
what to do

④ 의문사구는 문장 앞으로 나가지 않고 명사로만 사용됨

⑤ 아나요? → know, 현재, 3형식

⑥ 주어 → 그녀 → she

⑦ 의문조동사 → 일반동사, 현재, 주어는 3인칭 → does

→ Does she know what to do?

---

31. 그녀는 어떤 것을 사야 하는지 아나요?

① 의문사 표현→있음, 동사는 2개, 어떤 것 → which

② 동사가 2개면 의문사구나 의문사절 표현임

③ '그녀는'이라는 문장의 주어 외에 다른 주어가 없으므로 의문사구 →
which to buy

④ 의문사구는 문장 앞으로 나가지 않고 명사로만 사용됨

⑤ 아나요? → know, 현재, 3형식

⑥ 주어 → 그녀 → she

⑦ 의문조동사 → 일반동사, 현재, 주어는 3인칭 → does

→ Does she know which to buy?

---

32. 당신은 어디로 가야 할지 아나요?

① 의문사 표현 → 있음, 동사는 2개, 어디로 → where

② 동사가 2개면 의문사구나 의문사절 표현임

③ '당신은'이라는 문장의 주어 외에 다른 주어가 없으므로 의문사구 →

where to go

④ 의문사구는 문장 앞으로 나가지 않고 명사로만 사용

⑤ 아나요? → know, 현재, 3형식

⑥ 주어 → 당신 → you

⑦ 의문조동사 → 일반동사, 현재, 주어는 3인칭 → do

→ Do you know where to go?

33. 당신은 그곳에 가야 할지 아닌지를 아나요?

① 의문사 표현 → 있음, (whether 는 6하 원칙을 질문하는 의문사는 아니지만 의문사＋부정사로 취급한다.) 동사는 2개, 할지 아닐지 → whether

② 동사가 2개면 의문사구나 의문사절 표현임

③ '당신은'이라는 문장의 주어 외에 다른 주어가 없으므로 의문사구 → whether to go there

④ 의문사구는 문장 앞으로 나가지 않고 명사로만 사용됨

⑤ 아나요? → know, 현재, 3형식

⑥ 주어 → 당신 → you

⑦ 의문조동사 → 일반동사, 현재, 주어는 3인칭 → do

→ Do you know whether to go there or not?

34. 당신은 무엇이 중요한지 아나요?

① 의문사 표현 → 있음, 동사는 2개, 무엇 → what

② 동사가 2개면 의문사구나 의문사절 표현임

③ '당신은'이라는 문장의 주어 외에 다른 주어 '무엇이'가 있으므로 의문사절

임 → what＋문장 → what is so important

④ 의문사절은 문장 앞으로 나가지 않고 명사로만 사용됨

⑤ 아나요? → know, 현재, 3형식

⑥ 주어 → 당신 → you

⑦ 의문조동사 → 일반동사, 현재, 주어는 3인칭 → do

→ Do you know what is so important?

---

35. 당신은 누가 유리창을 깼다는 것을 존에게 말했나요?

① 의문사 표현 → 있음, 동사는 2개, 무엇 → who

② 동사가 2개면 의문사구나 의문사절 표현임

③ '당신은'이라는 문장의 주어 외에 다른 주어 '누가'가 있으므로 의문사절임

→ who＋문장 → who they want

④ 의문사절은 문장 앞으로 나가지 않고 명사로만 사용됨

⑤ 말했나요? → tell, 과거, 4형식

⑥ 간접목적어 → 존에게 → John

⑦ 주어 → 당신 → you

⑧ 의문조동사 → 일반동사 tell, 과거, 주어는 2인칭 → did

⑨ 4형식 문장에서 직접 목적어가 who broke the window라는 의문사절
인 경우

→ Did you tell John who broke the window?

---

36. 당신은 그들이 무엇을 원하는지를 아나요?

① 의문사 표현 → 있음, 동사는 2개, 무엇 → what

② 동사가 2개면 의문사구나 의문사절 표현임

③ '당신은'이라는 문장의 주어 외에 다른 주어 '그들이'가 있으므로 의문사절임 → what+문장 → what they want

④ 의문사절은 문장 앞으로 나가지 않고 명사로만 사용됨

⑤ 아나요? → know, 현재, 3형식

⑥ 주어 → 당신 → you

⑦ 의문조동사 → 일반동사, 현재, 주어는 3인칭 → do

→ Do you know what they want?

37. 당신은 그녀가 어디로 갔는지 아나요?

① 의문사 표현 → 있음, 동사는 2개, 어디로 → where

② 동사가 2개면 의문사구나 의문사절 표현임

③ '당신은'이라는 문장의 주어 외에 다른 주어 '그녀가' 가 있으므로 의문사절임 → where+문장 → what she went

④ 의문사절은 문장 앞으로 나가지 않고 명사로만 사용됨

⑤ 아나요? → know, 현재, 3형식

⑥ 주어 → 당신 → you

⑦ 의문조동사 → 일반동사, 현재, 주어는 2인칭 → do

→ Do you know where she went?

38. 당신은 존이 언제 미국에 가는지 알고 있나요?

① 의문사 표현 → 있음, 동사는 2개, 언제 → when

② 동사가 2개면 의문사구나 의문사절 표현임

③ '당신은'이라는 문장의 주어 외에 다른 주어 '존이'가 있으므로 의문사절임

→ when+문장 → when John goes to the US

④ 의문사절은 문장 앞으로 나가지 않고 명사로만 사용됨

⑤ 아나요? → know, 현재, 3형식

⑥ 주어 → 당신 → you

⑦ 의문조동사 → 일반동사, 현재, 주어는 2인칭

→ Do you know when John goes to the US?

39. 그녀는 당신이 왜 화가 났는지를 아나요?

① 의문사 표현 → 있음, 동사는 2개, 왜 → why

② 동사가 2개면 의문사구나 의문사절 표현임

③ '당신은'이라는 문장의 주어 외에 다른 주어 '당신이'가 있으므로 의문사절임 → why+문장 → why you are upset

④ 의문사절은 문장 앞으로 나가지 않고 명사로만 사용됨

⑤ 아나요? → know, 현재, 3형식

⑥ 주어 → 그녀 → she

⑦ 의문조동사 → 일반동사, 현재, 주어는 3인칭

→ Does she know why you are upset?

40. 당신은 내가 어떻게 미국에 갔는지를 아나요?

① 의문사 표현 → 있음, 동사는 2개, 어떻게 → how

② 동사가 2개면 의문사구나 의문사절 표현임

③ '당신은'이라는 문장의 주어 외에 다른 주어 '내가'가 있으므로 의문사절임

→ how+문장 → how I went to the US

④ 의문사절은 문장 앞으로 나가지 않고 명사로만 사용됨

⑤ 아나요? → know, 현재, 3형식

⑥ 주어 → 당신 → you

⑦ 의문조동사 → 일반동사, 현재, 주어는 2인칭

→ Do you know how I went to the US?

다음의 몇 문장은 문장을 분석한다기보다는 특별한 경우이므로 암기해서 사용하는 것이 좋다.

41. 어째서 당신은 어제 회의에 안 갔나요?

① 의문사 표현 → 있음, 동사는 1개, 어째서 → how come

② 동사가 1개면 의문사 의문문 표현임

③ 어째서는 why도 가능하지만 구어체에서는 how come을 사용한다.

⑤ 안 갔나요? → 가다의 과거, go, 부정

⑥ 주어 → 당신 → you

⑦ 의문조동사 → 일반동사, 과거, 주어는 2인칭 → did

→ How come you didn't go to the meeting yesterday?

42. 당신은 내가 당신을 필요로 했을 때 어디에 있었나요?

① 복문의 구조 → '당신은' 다음에 다시 '내가'라는 주어가 나오는데 그 문장의 끝이 '때'로 끝나므로 부사절임. 이 전체의 표현을 문장 끝으로 보냄. 전체 문장은 당신은 어디에 있었나요?+내가 당신을 가장 필요 했었을 때, 라는

구조가 됨.

② 의문사 표현 → 있음, 동사는 1개, 어디에 → where

③ 주어 → 당신 → 2인칭

④ 있었나요? → 과거, were

⑤ 주어 → 당신 → you

⑥ 의문조동사 → were → Where were you when I needed you.

⑦ 부사절 → 접속사 → 때 → when

⑧ 부사절의 주어 → 나 → I

⑩ 부사절의 동사 → 일반동사, 과거, needed

→ Where were you when I needed you?

43. 회의 동안에 비가 오면 어떻게 하지요?

① 이런 문장은 특별한 표현으로 암기해둔다. '~ 한다면 어떻게 하지요?' → What if ~?

② 비가 온다 → it rains

③ 회의 동안에 → during the conference

→ What if it rains during the conference?

44. 시간을 좀더 달라고 요청해보면 어때?

① 이런 문장은 특별한 표현으로 암기해둔다. '~하면 어때?' → What about ~? 또는 How about ~? 두 표현이 비슷한 의미로 사용된다.

② 좀더 많은 시간을 요구하다 → Asking more time

→ What about asking more time?

45. 당신은 오늘 밤 6시에 나에게 전화 걸지 그래요?

① 이런 문장은 특별한 표현으로 암기해둔다. '당신은 ~ 하지 그래요?'는 Why don't you ~?

② 전화를 걸다 → call

→ Why don't you call me at 6 tonight?

46. 당신은 아직 그 청구서를 지불하지 않았단 말인가요?

① 이런 문장은 특별한 표현으로 암기해둔다. '당신은 ~이란 말인가요?'는 You mean~?

② 청구서를 지불하다 → pay the bill

→ You mean you didn't pay the bill yet?

47. 존이 그 시험에 두 번 연이어서 떨어졌다는 것이 사실인가요?

① 이런 문장은 특별한 표현으로 암기해둔다. '~ 한 것이 사실인가요?' → Is it true that ~?

② 존이 시험에 떨어지다 → that 절 → John failed the exam

→ Is it true that John failed the exam twice in a row?

48. 너는 네가 누구라고 생각하니?

① 이 문장은 의문사 의문문 중에서 특별한 경우이다.

② 의문사 표현 → 있음 → who

③ '네가 누구냐'와 '생각하니'가 동사가 2개이므로 의문사절 표현 → Do you think who you are?

④ 동사가 think와 같은 동사일 때는 질문의 답이 yes/no로 할 수 없기 때문에, 아예 질문을 yes/no로 못하게 만들기 위해서 의문사를 문장 앞으로 도치시킴.

→ Who do you think you are?

49. A 와 B 중에서 어느 것을 더 좋아하나요?

① 이 경우도 특별한 경우인데 선택의문문의 경우이다.

② 의문사 표현 → 있음, 동사는 1개, 어느 것 → which

③ 의문사 표현을 문장 앞으로 보냄

④ 나머지는 일반의문문을 영작하듯이 함

⑤ 좋아하나? → 3형식, 목적어 질문

⑥ 주어 → 당신 → 2인칭 → you

⑦ 의문조동사 → do

→ Which do you like better, A or B?

50. 자, 나갑시다, 그럴까요?

① 이 문장은 부가의문문이다. 지금까지의 의문문과 좀 다른 의문문이다. 명령문일 때 부가의문문 주의.

② 2개의 문장 → 평서문, 의문문의 구조

③ 명령문이 앞에 나오면 부가의문문은 shall we?

→ Let's go out, shall we?

영문법 실전 2단계

한글에서 영어로, 문장 변신

읽는 대로 영어가 되는 한국어 450

4장의 '영작 스파링'에서 실력을 다졌다면 이번 5장의 '한국어 450문장 영작하기' 프로젝트에 당당하게 도전해보자. 5장에서는 앞에서 보았던 30개 핵심 문법 사항에 따라 15개의 한국어 예문이 제시된다. 제시된 한국어 문장을 보고 각 문법적 내용에 유의하며 영작을 해보도록 한다.

450문장 익히기 프로젝트

앞에서 우리는 스피킹을 하기 위한 영문법과 영어독해, 영작에 관해서 이론과 예문을 보았다. 영어를 한다는 것은 영문법이나 영작의 원리를 안다고 자동적으로 되는 것은 아니다. 그 원리를 실습해서 영어가 습관이 되도록 해야한다. 여기서는 450개 문장을 통해서 지금까지의 이론을 실습한다.

450개의 문장은 우리가 앞에서 연습하고 공부한 영문법의 핵심 항목 30개에 각각 15개씩 영작 연습문장을 첨부한 것이다. 이 '영문법 핵심 30'은 옆 쪽의 영문법 숲을 좌측에서 우측으로 따라가며 문장의 개념으로 뽑은 것이다. 뒷 페이지의 차트를 보면 이 30개의 항목을 더 쉽게 파악할 수 있다. 이 450개의 문장을 1~3초 이내에 그리고 정확하게 영작할 수 있다면 여러분은 영어를 잘할 수 있는 첫 발을 내디딘 것이다.

그것이 된 분들은 〈50+50 English〉의 마지막 과정인 1시간 동안 영어로 말하는 스토리텔링 프로젝트에 도전해보기 바란다. 미국에 가지 않아도 한국에서 1시간 정도 영어로 유창하게 말을 할 수 있다면 여러분의 영어 실력은 상당한 궤도에 오른 것이다. 이 프로젝트는 이야기 대사를 시작으로 해서 6개의 대화 문장이 나온다. 이런 대화를 영어로 말하고 그 스토리텔링에 대한 질문과 답을 하므로 한 시간 이상 영어로 매일 연습할 수 있는 영어 훈련 프로그램이다. 따라서 50문장 혹은 100문장을 기억한 사람들은 곧 이 스토리텔링 프로젝트를 통해서 유창한 영어를 구사할 수 있게 된다. 한 시간 영어로 말하기 과정과 OPIC(Oral Proficiency Interview-computer) 시험준비에 대해서는 www.meducation.co.kr 사이트를 참고하기 바란다.

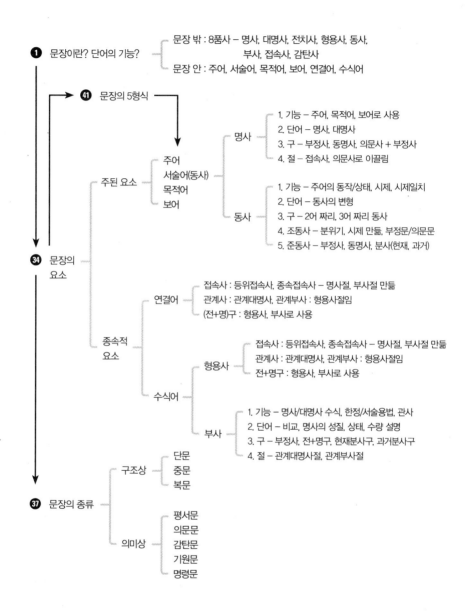

❶ 문장이란? 단어의 기능? ── 문장 밖 : 8품사 − 명사, 대명사, 전치사, 형용사, 동사,
　　　　　　　　　　　　　　　　　　　　　　부사, 접속사, 감탄사
　　　　　　　　　　　　　　 └ 문장 안 : 주어, 서술어, 목적어, 보어, 연결어, 수식어

㊶ 문장의 5형식

**㉞ 문장의
요소**

주된 요소 ─ 주어
　　　　　 서술어(동사)
　　　　　 목적어
　　　　　 보어

명사
　1. 기능 − 주어, 목적어, 보어로 사용
　2. 단어 − 명사, 대명사
　3. 구 − 부정사, 동명사, 의문사 + 부정사
　4. 절 − 접속사, 의문사로 이끌림

동사
　1. 기능 − 주어의 동작/상태, 시제, 시제일치
　2. 단어 − 동사의 변형
　3. 구 − 2어 짜리, 3어 짜리 동사
　4. 조동사 − 분위기, 시제 만듦, 부정문/의문문
　5. 준동사 − 부정사, 동명사, 분사(현재, 과거)

종속적
요소

연결어
　접속사 : 등위접속사, 종속접속사 − 명사절, 부사절 만듦
　관계사 : 관계대명사, 관계부사 : 형용사절임
　(전+명)구 : 형용사, 부사로 사용

수식어

형용사
　접속사 : 등위접속사, 종속접속사 − 명사절, 부사절 만듦
　관계사 : 관계대명사, 관계부사 : 형용사절임
　전+명구 : 형용사, 부사로 사용

부사
　1. 기능 − 명사/대명사 수식, 한정/서술용법, 관사
　2. 단어 − 비교, 명사의 성질, 상태, 수량 설명
　3. 구 − 부정사, 전+명구, 현재분사구, 과거분사구
　4. 절 − 관계대명사절, 관계부사절

㊲ 문장의 종류

구조상 ─ 단문
　　　　 중문
　　　　 복문

의미상 ─ 평서문
　　　　 의문문
　　　　 감탄문
　　　　 기원문
　　　　 명령문

1	단문	긍정문	I want to see you after class.
		부정문 – be, 조동사	I am not happy with the test result.
		부정문 – 일반동사	You never say that to your mom like that.
	중문	and	I completed the project on time and my boss was really happy to see that happened.
		or	You will pay it now or later.
		but	I like her so much but she hates me for that.
	복문	형용사절	This is the house my father bought the day before yesterday.
		부사절	I didn't go to school, because I had a stomachache.
		명사절	I didn't know that the house was already sold out.
2	1형식	2가지	John worked very hard.
3	2형식	4가지	She is my English teacher.
4	3형식	3가지	The dog ate all the apples in the basket.
5	4형식	4가지	She gave me this book last night.
6	5형식	5가지	I asked her to clean her room before she went out.
7	일반의문문	be	Are you a doctor?
		조동사	Can you speak Chinese?
		do	Do you like this room?
8	특수의문문	주어를 질문	Who broke the window?
		목적어를 질문	What do you want anyway?
		부사를 질문	Where did you go last night?
9	간접의문문	if/whether	I don't know if she completed college or not.
		의문대명사	Do you know what she was looking for?
		의문부사	I don't know where John is now.
10	부가의문문	2가지 경우	John is handsome, isn't he?
11	감탄문 – what	명사 – what	What a beautiful day it is!
	감탄문 – how	형용사-부사 – how	How lovely that flower is!
12	직접명령문	동사원형+	Study hard before it's too late!
	간접명령문	Let, let's	Let's eat out tonight!
13	명사 단어	five fish	There are five fish in the water tank.
14	대명사	부관의인지	Nothing important than your health.
15	명사구	부정사	I want to go out with you.
		동명사	I enjoy watching the ball game.
		의문사+부정사	Do you know what to do now?
16	명사절	that	John doesn't know that she went to the US last month.

16	명사절	if/whether	Do you know if she is an American?
		의문대명사	I don't want to know why he did that.
		의문부사	Do you know where your children are now?
17	동사	introduce	I will introduce you to my father.
18	동사구	take care of	Would you take care of my dog while I am talking my vacation?
19	조동사	should	I should have taken that course before the hike.
20	동사 12시제	will	I will be there for you.
21	과거분사 -수동태	was written	The book was wrtten by Sam.
22	형용사 단어	afraid	I am afraid of big dogs.
23	형용사구	형용사구 - 부정사	I have a lot of things to do today.
		전+명구	The computer on the desk is not mine.
		현재분사구	The man drinking beers over there is my English teacher John.
		과거분사구	The old church in the park was distroyed by the fire last night.
24	형용사절	관계대명사절	Are you the person who is in charge of this store?
		관계부사절	Do you know the time when he left the house?
25	부사 단어	enough	She is young enough to go to school.
26	부사구	부정사구	Sam went to the USA to see his family.
		전+명구	I saw her at the coffee shop this morning.
		분사구문	Turning to your left, you will see the drug store.
27	부사절	이유	He was fired because he didn't do the job right.
		양보	Although New York is dangerous at times, I still like that place a lot.
		조건	If it rains tomorrow, I will stay home with my kids.
		때	I will call you after I finish this job.
		장소	You may go where you want to go.
		목적	John saved a lot of money so that he could buy the car.
		결과	Sam was so happy that he bought everyone a drink on that day.
28	기본동사-have	Have	I had a terrible headache this morning.
29	주어＝보어 종류의 영작		My favorite subject in college was English. English was my favorite subject in college
30	기타 알아야 할 영작	gain	I gained 10 pounds last month.

* 이제부터는 각 핵심 문법 사항에 따라 15개의 예문이 제시된다. 위에 제시된 한국어 문장을 보고 각 문법적 내용에 유의하며 영작을 해본다. 한국어 문장을 보고 영작이 쉽게 되면 한국어 음성을 듣고 1~3초 이내에 영어로 말하도록 훈련한다.

1 문장

1. 그는 지금 매우 행복하다.
2. 나는 지금 당장 너를 도와줄 수가 없다.
3. 나는 어제 학교에 가지 않았다.
4. 아무도 나를 반기기 위해서 거기에 있지 않았다.
5. 그녀는 오늘 아침에 이 책을 나에게 주었다.
6. 책상 위에 책이 한 권 있다.
7. 나는 시험 결과에 만족하지 않는다.
8. 나는 그녀가 누구를 찾고 있는지를 그녀에게 물었다.
9. 나는 그녀가 의사였는지 아닌지를 몰랐다.
10. 나는 내가 이 책을 어디서 샀는지 기억하지 못한다.
11. 나는 수업이 끝나고 너를 보기를 원한다.
12. 나는 그 집이 이미 팔린 것을 몰랐다.
13. 나는 그에게 그 과정을 좀더 빨리 하라고 말할 것이다.
14. 그녀는 왜 그녀가 창문을 깼는지 나에게 말하려고 하지 않았다.
15. 존은 어리지만 그는 신문을 읽을 수 있다.

1. He is very happy now.
2. I can't help you right now.
3. I didn't go to school yesterday.
4. No one was there to greet me.
5. She gave me this book this morning.
6. There is a book on the table.
7. I am not happy with the test results.
8. I asked her whom she was looking for.
9. I didn't know if she was a doctor.
10. I don't remember where I bought this book.
11. I want to see you after the class.
12. I didn't know that the house was already sold.
13. I will ask him to speed up the process.
14. She wouldn't tell me why she broke the window.
15. John is young, but he can read a newspaper.

② 1형식 문장

1. 돈이 말한다.
2. 시간은 나른다.
3. 사고는 일어날 것이다.
4. 어떤 것이든 할 것이다.
5. 가을이 왔습니다.
6. 나는 푹 잤습니다.
7. 그녀는 침묵을 지켰다.
8. 그는 오늘 아침에 늦잠을 잤다.
9. 그는 담배를 피우기 위해서 섰다.
10. 그 뉴스는 신속하게 퍼졌다.
11. 그는 탄환의 상처로 죽었다.
12. 존은 정말 빨리 달릴 수 있다.
13. 존의 책은 아주 잘 팔린다.
14. 그녀의 어머니는 시골에 살고 있다.
15. 어제 밤에 비가 세차게 내렸다.

1. Money talks.
2. Time flies.
3. Accidents will happen.
4. Anything will do.
5. Autumn has come.
6. I slept soundly.
7. She kept silent.
8. He overslept this morning.
9. He stopped to smoke.
10. The news spread quickly.
11. He died from bullet wounds.
12. John can run really fast.
13. John's book sells really well.
14. Her mother lives in the country.
15. It rained very hard last night.

③ 2형식 문장

1. 이것은 좋은 냄새가 난다.

2. 그녀는 매우 아름답습니다.

3. 그는 나의 삼촌입니다.

4. 그는 의사입니다.

5. 우유는 상했다.

6. 그녀의 이야기는 매우 이상하게 들렸다.

7. 그는 선생이 되었다

8. 여기에 당신이 주문했던 것이 있다.

9. 존의 책은 읽을 가치가 있다.

10. 그것이 지금 그녀가 울고 있는 이유이다.

11. 그는 오늘 아무것도 하고 싶지 않습니다.

12. 그것이 네가 했어야만 하는 것이었다.

13. 네가 없이 사는 것은 불가능하다.

14. 사고가 일어난 것이 확실하다

15. 언제 시작해야 할지는 불명확합니다.

1. It smells good.
2. She is very beautiful.
3. He is my uncle.
4. He is a doctor.
5. The milk went bad.
6. Her story sounded very strange.
7. He has become a teacher.
8. Here is what you ordered.
9. John's book is worth reading.
10. That's why she is crying now.
11. He feels like doing nothing today.
12. That was what you should have done.
13. It is impossible to live without you.
14. It is certain that an accident occurred.
15. It is not clear when to start.

4 3형식 문장

1. 나는 스키 타는 것을 좋아해.

2. 그녀는 그녀의 손가락을 베었다.

3. 그들은 갑자기 이야기하던 것을 멈췄다.

4. 그녀는 밝은 미소를 지었다.

5. 그녀는 실수한 것을 인정했다.

6. 그는 그렇게 말한 것을 부정한다.

7. 그는 큰 가족을 가지고 있다.

8. 그들은 격렬한 싸움을 싸웠다.

9. 나는 그녀를 아주 많이 좋아한다.

10. 나는 너를 너무 많이 그리워한다.

11. 나는 네가 한말을 기억한다.

12. 리처드는 그의 약속을 항상 지켰습니다.

13. 리처드는 큰 실수를 저질렀습니다.

14. 그녀는 어떤 것을 사야 할지 고민 중이다.

15. 그는 아무도 그를 도와주지 않았다고 불평했다.

---

1. I love skiing.
2. She cut her finger.
3. They stopped talking suddenly.
4. She smiled a bright smile.
5. She admitted making a mistake.
6. He denied having said so.
7. He has a large family.
8. They fought a hard fight.
9. I like her so much.
10. I miss you so much.
11. I remember what you said.
12. Richard always kept his promises.
13. Richard made a big mistake.
14. She is wondering which to buy.
15. He complained that nobody helped him.

5 4형식 문장

1. 그는 내게 그 책을 보여주었다.

2. 나는 그녀에게 몇 송이의 꽃을 보냈다.

3. 나에게 버터를 건네주십시오.

4. 그 대학은 그에게 장학금을 주었다.

5. 나는 그에게 언제 출발해야 하는지를 말했다.

6. 신은 나에게 좋은 재능을 주었다.

7. 그는 내게 그 카메라를 30달러에 팔았다.

8. 그는 어느 길을 가야 할지 나에게 말했다.

9. 그는 우리에게 그 회의가 언제 끝나는지 알려주었다.

10. 태양은 우리에게 빛과 열을 준다.

11. 그 다음에 무엇을 해야 하는지 나에게 알려 주세요.

12. 나는 존에게 무엇이 진짜 문제인지를 물었다.

13. 그녀는 나에게 그녀가 그것에 대해서 무엇을 생각하는지를 말하지 않았다.

14. 그녀는 내가 그 일자리를 잡아야 한다고 나에게 설득했다.

15. 그는 가지 않기로 결정했다는 것을 나에게 알려줬다.

1. He showed me the book.
2. I sent her some flowers.
3. Please pass me the butter.
4. The University awarded him a scholarship.
5. I told him when to start.
6. God gave me a great talent.
7. He sold me the camera for $30.
8. He told me which way to go.
9. He informed us when the meeting ends.
10. The sun gives us light and heat.
11. Please let me know what to do next.
12. I asked John what the real problem was.
13. She didn't tell me what she thought about that.
14. She persuaded me that I should take that job.
15. He informed me that he decided not to go.

6 5형식 문장

1. 그들은 나를 샘이라고 부릅니다.

2. 그 뉴스는 그녀를 울게 만들었다.

3. 그는 건물이 흔들리는 것을 느꼈다.

4. 그는 그를 천재라고 생각한다.

5. 나는 그가 나가는 것을 보았다.

6. 나는 나의 차를 수선하도록 했다.

7. 그녀는 그녀의 아들이 더 열심히 공부하도록 했다.

8. 그녀는 저녁을 준비하는 중이다.

9. 그는 그 자신을 영어로 이해되도록 만들었다.

10. 나는 그가 술 취한 것을 본 적이 없다.

11. 나는 그가 정직하다고 믿는다.

12. 나는 그녀가 피아노를 치는 것을 들었다

13. 나는 그 마을이 완전히 변한 것을 알았다.

14. 나의 아버지는 나를 의사로 만들었다.

15. 그들은 목요일 밤에 뭔가 이상한 것을 냄새 맡았다.

1. They call me Sam.
2. The news made her crying.
3. They felt the building tremble.
4. He thinks himself a genius.
5. I saw him go out.
6. I had my car repaired.
7. She made her son study harder.
8. She is getting the dinner ready.
9. He made himself understood in English.
10. I have never seen him drunk.
11. I believe him to be honest.
12. I heard her play the piano.
13. I found the village completely changed.
14. My father made me a doctor.
15. They smelt something strange on Thursday night.

7 일반의문문

1. 당신은 진지해요?
2. 당신은 사과를 좋아하나요?
3. 당신은 음악에 흥미가 있나요?
4. 당신은 좋은 아빠입니까?
5. 당신은 나에게 부탁을 하나 들어줄래요?
6. 당신은 이것을 나를 위해 포장해줄 수 있나요?
7. 당신이 보스턴에서 온 존의 아버지입니까?
8. 내가 그곳에 다시 가야만 하나요?
9. 내가 당신에게 마실 찬 음료수를 가져다 드릴 수 있을까요?
10. 당신은 그 소식을 들어서 행복하나요?
11. 당신은 나를 위해서 예약을 취소해줄래요?
12. 당신은 다른 차를 보시기를 원합니까?
13. 당신은 지금 집으로 갈 준비가 되었나요?
14. 당신은 그렇게 일찍 집에 가야만 하나요?
15. 당신은 샘이 그것을 당신에게 말했다는 것이 확실한가요?

1. Are you serious?
2. Do you like apples?
3. Are you interested in music?
4. Are you a good father?
5. Would you do me a favor?
6. Can you wrap this for me?
7. Are you John's father from Boston?
8. Do I have to go there again?
9. Can I get something cold to drink?
10. Are you happy to hear the news?
11. Will you cancel the reservation for me?
12. Would you like to see another car?
13. Are you ready to go home now?
14. Do you have to go home so early?
15. Are you sure that Sam told you that?

8 특수의문문

1. 무엇이 당신을 여기에 데려 왔나요?

2. 이것은 무엇을 위한 거지요?

3. 무엇이 너를 그리 오래 걸리게 했나요?

4. 무엇이 당신으로 하여금 그것을 말하게 하나요?

5. 내가 당신에게 얼마를 빚졌지요?

6. 당신은 그것을 다시 시도해보시지 그래요?

7. 당신은 오늘 밤 나에게 전화하지 그래요?

8. 무엇이 이것에 관한 당신의 의견인가요?

9. 우리는 여기로부터 어디로 가지요?

10. 누가 내일 아침에 운전하기를 원하나요?

11. 누가 어떻게 이 비밀번호를 바꿀줄 압니까?

12. 당신은 나에게 그것에 대해서 왜 물어보지 않았지요?

13. 당신은 당신의 새로운 아파트에 대해서 어떻게 생각하나요?

14. 왜 당신은 우리와 함께 저녁을 할 수 없지요?

15. 누가 오늘 밤 발표를 하려고 하나요?

1. What brought you here?
2. What is this for?
3. What kept you so long?
4. What makes you say that?
5. How much do I owe you?
6. Why don't you try it again?
7. Why don't you call me tonight?
8. What is your opinion on this?
9. Where do we go from here?
10. Who would like to drive tomorrow morning?
11. Who knows how to change this password?
12. Why didn't you ask me about that?
13. How do you like your new apartment?
14. Why can't you eat with us tonight?
15. Who would like to make the presentation tonight?

1. 나는 네가 무엇을 원하는지를 안다.

2. 나는 네가 무엇을 의미하는지를 이해한다.

3. 우리는 왜 하늘이 파란지를 토의했다.

4. 나는 내가 무엇을 지금 하고 있는지 모른다.

5. 나는 어디로부터 네가 그것을 들었는지를 모른다.

6. 나는 어떻게 네가 너 혼자서 사는지를 이해하지 못한다.

7. 나는 왜 내가 이런 식으로 행동하는지 모른다.

8. 나는 왜 산들의 정상에 눈이 있는지를 의아히 생각한다.

9. 나는 언제 그만두어야 하는지를 모른다.

10. 내가 당신이 지금 누구를 위해서 일하는지를 물어도 되나요?

11. 나는 내가 다른 여자를 찾을 수 있을지 아닌지가 확실하지 않다.

12. 나는 무엇을 지금 해야 하는지를 이해하지 못한다.

13. 나는 언제 그들이 우리를 도와주러 올지를 안다.

14. 나는 언제 네가 나의 집을 방문하려고 계획하는지를 의아히 생각한다.

15. 나는 왜 그 다리가 아직도 완성되지 않았는지를 이해하지 못한다.

1. I understand what you want.
2. I understand what you mean.
3. We debated why the sky is blue.
4. I don't know what I am doing now.
5. I don't know where you heard that from.
6. I don't understand how you live by yourself.
7. I don't know why I act this way.
8. I wonder why mountains have snow on top.
9. I don't know when I am supposed to quit.
10. May I ask you whom you work for now?
11. I am not sure whether I will find another girl.
12. I don't understand what I am supposed to do now.
13. I know when they will be here to help us.
14. I wonder when you plan to visit my house.
15. I don't understand why the bridge is still not completed.

1.   기도합시다, 그럴까요?

2.   그를 가게 하세요, 그럴래요?

3.   너는 그녀를 사랑하지요, 아니에요?

4.   너는 피곤하지, 안 그러니?

5.   문을 닫아주세요, 그럴 거죠?

6.   샘은 여기 있지요, 안 그래요?

7.   자, 나갑시다, 그럴까요?

8.   존은 잘 생겼지, 안 그래?

9.   너는 100 문장 기억했지, 아니니?

10. 너는 영어 할 수 있지, 안 그래?

11. 바보처럼 그러지 마, 그럴래?

12. 이것은 내 책이지요, 아닌가요?

13. 좋은 날이지요, 안 그래요?

14. 나에게 전화하지 마세요, 그럴 거죠?

15. 너는 수학 잘하지, 안 그래?

1. Let's pray, shall we?
2. Let him go, will you?
3. You love her, don't you?
4. You are tired, aren't you?
5. Close the door, will you?
6. Sam is here, isn't he?
7. Let's go out, shall we?
8. John is handsome, isn't he?
9. You memorized 100 sentences, didn't you?
10. You can speak English, can't you?
11. Don't be a stupid, will you?
12. This is my book, isn't it?
13. It's a nice day, isn't it?
14. Don't call me any more, will you?
15. You are good at math, aren't you?

⑪ 감탄문

1. 얼마나 허튼소리인가.
2. 얼마나 낭비인가.
3. 얼마나 놀라운 일인가!
4. 얼마나 멋있는 경기인가.
5. 얼마나 멋있는 남편인가.
6. 얼마나 멋있는 영화인가.
7. 얼마나 멋진 신사인가.
8. 얼마나 부끄러운 일인가!
9. 얼마나 우연한 일인가!
10. 얼마나 재미있는 얘기인가.
11. 얼마나 좋은 느낌인가!
12. 그것은 얼마나 멋진 것인가!
13. 너는 얼마나 위대한가!
14. 얼마나 달콤한가!
15. 얼마나 바보 같은가!

1. What nonsense!
2. What a waste!
3. What a surprise!
4. What a game!
5. What a husband!
6. What a movie!
7. What a gentleman!
8. What a shame!
9. What a coincidence!
10. What a story!
11. What a feeling!
12. How wonderful that is!
13. How great you are!
14. How sweet (it is)!
15. How stupid (that is)!

⑫ 명령문

1. 강해져라.
2. 거기 머물러라.
3. 꼼짝 마.
4. 뛰지 마라.
5. 서둘러.
6. 서둘지 마라.
7. 야망을 가져라
8. 열심히 공부해.
9. 움직이지 마라.
10. 자, 기도합시다.
11. 조용히 해.
12. 그것이 되도록 해라.
13. 그녀를 가게 해라.
14. 남자다워라.
15. 자, 그만 합시다.

1. Be strong!
2. Stay there!
3. Hold it!
4. Don't run!
5. Hurry up!
6. Don't hurry!
7. Be ambitious!
8. Study hard!
9. Don't move.
10. Let's pray.
11. Be quiet!
12. Let it be!
13. Let her go!
14. Be a man!
15. Let's stop it.

1. 나의 과거를 용서해주세요.

2. 너는 나에게 먼저 답해야 한다.

3. 그녀는 아름다운 갈색 눈을 가졌다.

4. 그 책을 나에게 가져와라.

5. 신은 너의 죄를 용서하실 것이다.

6. 우리는 결론에 도달할 수 없었다.

7. 우리는 오늘 그 제안을 의논했다.

8. 제가 시험에 통과했나요?

9. 그는 그녀의 얼굴에 입맞췄다.

10. 그는 그의 엄마를 많이 닮았다.

11. 그는 나의 성공을 축하해주었다.

12. 그들은 그에게 아주 어리석은 질문들을 했다.

13. 나는 그녀를 위해서 휴대폰을 샀다.

14. 나는 그 소식을 그에게 전달했다.

15. 나는 그의 인내심을 부러워한다.

1. Please pardon my past.
2. You answer me first.
3. She has beautiful brown eyes.
4. Bring that book to me.
5. God will forgive my sin.
6. We couldn't reach a conclusion.
7. We discussed the proposal today.
8. Did I pass the test?
9. He kissed her on the face.
10. He resembles his mother a lot.
11. He congratulated my success on me.
12. They asked him very stupid questions.
13. I bought a cell-phone for her.
14. I informed the news to him.
15. I envy him for his patience.

🔢 동사구

1. 아직 포기하지 마.
2. 그는 결국 감옥에 갔다.
3. 나는 그녀에게 반했다.
4. 당신은 나를 보석으로 빼내주시겠습니까?
5. 무엇을 찾고 있니?
6. 나는 결코 너의 남동생과 언쟁하지 않는다.
7. 나는 그것을 곧 알아낼 것이다.
8. 너는 그렇게 떠날 수는 없다.
9. 그는 트럭에 치였다.
10. 존은 이 조사에 협조하는 것을 거절했다.
11. 그것은 우리 인생 동안에는 일어나지 않을 것이다.
12. 나는 어린아이처럼 취급 받는 것을 거부한다.
13. 안전벨트를 매는 것을 잊지 마세요.
14. 우리는 우리의 경비를 어느 정도 줄여야만 한다.
15. 존은 지난주에 그의 사업을 시작했다.

1. Don't give up yet.
2. He ended up in jail.
3. I am crazy about her.
4. Would you bail me out?
5. What are you looking for?
6. I never argue with my brother.
7. I will figure it out soon.
8. You can't walk away like that.
9. He was knocked down by the truck.
10. John refused to cooperate with the investigation.
11. That will not take place in our lifetime.
12. I object to being treated like a child.
13. Don't forget to buckle up your seat belt.
14. We have to cut down our expenses somehow.
15. John started up his own business last week.

1. 너는 코미디를 좋아하니?

2. 이것이 너의 휴대폰이니?

3. 3시일 리가 없다.

4. 그는 거기에 혼자 가게 될 것이다.

5. 나는 그것을 하지 말았어야 했다.

6. 나는 더 많은 것을 알았어야 했다.

7. 너는 더 열심히 공부했어야 한다.

8. 너는 매일 열심히 공부해야 한다.

9. 너는 여기서 담배를 피우면 안 된다.

10. 나는 그것을 돈 때문에 하지는 않을 것이다.

11. 나는 너를 위해 거기에 가겠다.

12. 너는 오늘 집에 일찍 가도 좋다.

13. 미셀은 5개 국어를 말할 수 있다.

14. 나는 내일 일할 수 있을 것이다.

15. 나는 영어를 잘 말할 수 있다.

1. Do you like comedy?
2. Is this your cell-phone?
3. It cannot be three o'clock.
4. He shall go there alone.
5. I shouldn't have done that.
6. I should have known better.
7. You should have studied harder.
8. You should study hard everyday.
9. You may not smoke here.
10. I wouldn't do that for money.
11. I will be there for you.
12. You may go home early today.
13. Michelle can speak 5 different languages.
14. I will be able to work tomorrow.
15. I am able to speak English well.

16 동사 12시제

1.   나는 지금 행복하다.
2.   나는 그때쯤 자고 있을 것이다.
3.   나는 내 방 키를 잃어버렸다.
4.   나는 마침내 담배 피는 것을 포기했다.
5.   나는 7년 동안 그녀를 알고 지내고 있다.
6.   나는 그것을 봐서 행복했다.
7.   나는 너를 도울 수 있어 기쁠 것이다.
8.   나는 그밖의 무엇인가를 하고 있을 것이다.
9.   나는 보스턴을 여러 번 가본 적이 있다.
10. 나는 어학원에서 영어를 가르친다.
11. 나는 미셸과 내 영어숙제를 하고 있다.
12. 나는 실제로 코끼리를 본적이 없다.
13. 존은 12년 동안 여기서 살고 있다.
14. 존은 그의 친구들과 자전거를 타고 있다.
15. 줄리는 그녀의 집을 위해 저축을 해오고 있는 중이다.

1. I am happy now.
2. I will be sleeping by then.
3. I have lost my room key.
4. I have given up smoking finally.
5. I have known her for 7 years.
6. I was very happy to see that.
7. I will be glad to help you.
8. I will be working on something else.
9. I have been to Boston many times.
10. I teach English at the language center.
11. I am doing my English homework with Michelle.
12. I haven't seen an elephant in real life.
13. John has been living here for 12 years.
14. John is riding a bike with his friends.
15. Julie has been saving money for her house.

⑰ 과거분사─수동태

1. 그는 그녀를 사랑한다.

2. 그녀는 그에게 사랑받는다.

3. 그는 카트리지를 바꾸는 법을 그녀에게 가르쳐주고 있다.

4. 그녀는 그에게 카트리지 바꾸는 법을 배우고 있는 중이다.

5. 나는 7시 전에 나의 숙제를 끝내야 한다.

6. 나의 숙제는 7시 전에 끝내져야 한다.

7. 그들은 이 집을 지었다.

8. 이 집은 그들에 의해 지어졌다.

9. 그들은 존이 열심히 일하는 사람이라고 말한다.

10. 존은 열심히 일하는 사람이라고 말해진다.

11. 나는 그가 다시 시험에 실패했다고 생각한다.

12. 그가 다시 시험에 실패한 것으로 생각된다.

13. 나의 아버지는 나에게 시계를 주었다.

14. 나는 나의 아버지에게서 시계를 받았다.

15. 시계는 나의 아버지에 의해서 나에게 주어졌다.

1. He loves her.
2. She is loved by him.
3. He is showing her how to change the cartridge.
4. She is being shown how to change the cartridge by him.
5. I must finish my homework before 7.
6. My homework must be finished before 7 (by me).
7. They built this house.
8. This house was built by them.
9. They said that John is hard worker.
10. It is said that John is hard worker.
11. I think that he failed the test again.
12. It is thought that he failed the test again.
13. My father gave me a watch.
14. I was given a watch by my father.
15. A watch was given to me by my father.

⑱ 명사 단어

1. 지식이 힘이다.
2. 개들은 충실한 동물이다.
3. 나는 수학을 가장 좋아한다.
4. 저 칼들을 치워라.
5. 그는 뉴튼과 같은 과학자가 될 것이다.
6. 그는 새 도요타를 한대 샀다.
7. 나는 대가족을 가지고 있다.
8. 나는 약간의 작은 감자가 필요하다.
9. 이것은 맛있는 커피이다
10. 경찰들은 도둑들을 쫓아 뛰는 중이다.
11. 피터는 예수의 제자 중에 한 사람이었다.
12. 그는 마이클 잭슨과 같은 가수가 되기를 원한다.
13. 나는 그녀와 같은 아름다운 미인을 본 적이 없다.
14. 나는 오늘 해야 할 많은 일들이 있다.
15. 나의 가족은 나를 제외하고 모두 부지런하다.

1. Knowledge is power.
2. Dogs are faithful animals.
3. I like mathematics best.
4. Put away those knives.
5. He will become a Newton.
6. He bought a new Toyota.
7. I have a large family.
8. I need some small potatoes.
9. This is an excellent coffee.
10. The police are running after thieves.
11. Peter was one of Jesus' disciples.
12. He wants to be like Michael Jackson.
13. I haven't seen a beauty like her.
14. I have many things to do today.
15. My family is all diligent except me.

⑲ 대명사

1. 그것이 그 이야기이다.
2. 매우 춥다.
3. 어떤 것이든 된다.
4. 너는 최고다.
5. 덥고 습하다.
6. 도대체 누가 그것을 말했니?
7. 뭔가 나를 괴롭힌다.
8. 6시 10분 전이다.
9. 그들은 머물기 위해 여기 왔다.
10. 나는 그것에 대해 아무것도 아는 것이 없다.
11. 너는 누구와 말했니?
12. 당신은 어떤 것을 더 좋아합니까?
13. 당신은 지금 무엇을 원하나요?
14. 도대체 이것은 누구의 문제입니까?
15. 나는 그것에 대해 어떤 것도 알지 못한다.

1. That's the story.
2. It's very cold.
3. Anything will do.
4. You are the best.
5. It's hot and sticky.
6. Who said that anyway?
7. Something is bothering me.
8. It's 10 to 6 o'clock.
9. They came here to stay.
10. I know nothing about that.
11. Whom did you talk to?
12. Which do you like better?
13. What do you want now?
14. Whose problem is this anyway?
15. I don't know anything about that.

20 명사구

1. 그들은 갑자기 말하다 멈췄다.

2. 그는 음악듣기를 좋아한다.

3. 나는 다시 그를 보기를 피했다.

4. 나는 매일 테니스 연습을 했다.

5. 우리는 그렇게 하기로 동의한다.

6. 우리는 누구를 초대할 것인가를 의논했다.

7. 그녀는 어떤 것을 사야 할지 고민 중이다.

8. 그는 곧 승진하기를 희망한다.

9. 그는 그의 차를 팔기로 결정했다.

10. 그는 실수를 한 것을 인정했다.

11. 나는 너와 거기를 갈 것을 고려하고 있다.

12. 나는 다시 너를 보기를 기대한다.

13. 나는 일본어를 말하지 못하는 척했다.

14. 나는 치과에 가는 것을 연기했다.

15. 우리는 그 영화를 보는 것을 갈망한다.

1. They stopped talking suddenly.
2. He enjoys listening to music.
3. I avoided seeing him again.
4. I practiced playing tennis everyday.
5. We agree to do so.
6. We discussed whom to invite.
7. She is wondering which to buy.
8. He hopes to be promoted soon.
9. He decided to sell his car.
10. He admitted having made a mistake.
11. I consider going there with you.
12. I expect to see you again.
13. I pretended not to speak Japanese.
14. I postponed going to the dentist.
15. We desire to see the movie.

㉑ 명사절

1. 나는 무엇이 너를 괴롭히는지 궁금하다.

2. 나는 존이 정직한 것을 안다.

3. 너는 그가 누구인지 기억하니?

4. 나는 그녀가 지금 어디에 있는지 모른다.

5. 나는 네가 미셸에게 푹 빠져 있는지 안다.

6. 나는 왜 그가 해고되었는지를 모른다.

7. 그녀에게 무슨 일이 일어났는지 알려주세요.

8. 나는 그녀가 누구와 외출했는지 모른다.

9. 나는 그녀가 어떻게 살을 뺐는지 궁금하다.

10. 나는 그녀가 언제 돌아오는지를 알지 못한다.

11. 나는 네가 일요일에 무엇을 했는지 너에게 묻는다.

12. 나는 왜 그녀가 그렇게 우는지 궁금하다.

13. 너는 내가 어떤 색깔을 가장 좋아하는지를 아니?

14. 나는 그녀가 경찰이었는지 아닌지 의아히 생각한다.

15. 나는 그가 어제 시험에 합격했는지 아닌지도 모른다.

1. I wonder what is bothering you.
2. I know that John is honest.
3. Do you remember who that is?
4. I don't know where he is now.
5. I know you are crazy about Michelle.
6. I don't know why he was fired.
7. Please let me know what happened to her.
8. I don't know whom she went out with.
9. I wonder how she lost all that weight.
10. I don't know when she will be back.
11. I asked you what you did on Sunday.
12. I wonder why she is crying like that.
13. Do you know what color I like best?
14. I wonder if she was a cop.
15. I don't know whether or not he passed exam yesterday.

㉒ 형용사 단어

1. 그녀는 매우 건강해 보인다.
2. 그는 몇 안 되는 친구가 있다.
3. 그는 아직 자고 있다.
4. 나는 개를 무서워한다.
5. 나의 전화번호는 123-4567이다.
6. 우리는 피할 수 없는 것은 받아들여야 한다.
7. 존은 몇 명의 친구가 있다.
8. 3마일은 먼 거리다.
9. 그는 너보다 훨씬 크다.
10. 나는 그것들에 대해서 부끄럽다.
11. 나는 오늘 아침에 존이 아픈 것을 알았다.
12. 나는 읽어야 할 많은 책을 가지고 있다.
13. 부자들이 항상 행복한 것은 아니다.
14. 합계는 23,456 달러가 된다.
15. 그 피고인은 경찰서에서 탈출했다.

1. She looks very healthy.
2. He has few friends.
3. He is still asleep.
4. I am afraid of dogs.
5. My phone number is 123-4567.
6. We must accept the inevitable.
7. John has a few friends.
8. Three miles is a long distance.
9. He is much taller than you.
10. I am ashamed of those things.
11. I found John sick this morning.
12. I have many books to read.
13. The rich are not always happy.
14. The total will be 23,456 dollars.
15. The accused escaped from the police station.

23 형용사구

1. 나는 먹을 것을 원한다.

2. 나는 오늘 할 일이 없다.

3. 나는 수업 끝나고 존을 만나기로 되어 있다.

4. 나는 서로 소리를 지는 사람들을 견딜 수 없다.

5. 나는 지금 대화할 친구가 없다.

6. 너는 저녁 전에 너의 일을 끝내야 한다.

7. 보스톤에는 볼 만한 장소들이 많이 있다.

8. 저기서 공부하고 있는 학생은 일본에서 왔다.

9. 하늘에서 날고 있는 저 새들을 봐.

10. 벽에 걸려 있는 사진은 존이 찍은 것이다.

11. 부엌에 있는 전화는 고쳐야 한다.

12. 우리 아빠는 나에게 테이블 위에 있는 프린터기를 사주었다.

13. 저기서 테니스를 치는 소년은 나의 아들이다.

14. 테이블 위에 있는 책은 샘에 의해 쓰여졌다.

15. 나는 그들에게 1200년에 지어진 교회를 보여주었다.

1. I want something to eat.
2. I have nothing to do today.
3. I am to meet John after class.
4. I can't stand people yelling at each other.
5. I have no friends to talk to now.
6. You are to finish your work before dinner.
7. There are many sites to see in Boston.
8. The students studying over there are from Japan.
9. Look at those birds flying in the sky.
10. The picture on the wall was taken by John.
11. The phone in the kitchen needs to be fixed.
12. My dad bought me a printer on the table.
13. The boy playing tennis over there is my son.
14. The book on the table was written by Sam.
15. I showed them the church built in 1200.

1. 내가 존경하는 많은 사람들이 있다.

2. 그는 내가 같이 일하는 사람이다.

3. 나는 보스턴에 사는 많은 친구들을 가지고 있다.

4. 이곳은 내가 가장 좋아하는 레스토랑이다.

5. 나는 5개 다른 국어를 말할 줄 아는 친구를 가지고 있다.

6. 나는 남쪽을 향하고 있는 집을 구하고 있다.

7. 나는 자기가 하는 일에 자부심을 갖는 사람들을 좋아한다.

8. 나는 존이 말하는 무엇이던 믿지 않는다.

9. 나는 ABC 회사에서 일하는 친구를 가지고 있다.

10. 너는 네가 이것을 산 가게를 기억하니?

11. 이것은 내가 미셸에게 받은 책이다.

12. 이것이 네가 찾고 있던 것이니?

13. 내가 너로부터 필요한 것은 이것뿐이다.

14. 너는 그들이 헤어진 진짜 이유를 아니?

15. 나는 내가 너를 처음 만났을 때를 결코 잊지 않을 것이다.

1. I have many people that I respect.
2. He is the guy whom I work with.
3. I have many friends who live in Boston.
4. This is the restaurant that I like best.
5. I have a friend who can speak 5 different languages.
6. I am looking for a house that faces south.
7. I like people who take pride in their work.
8. I am not going to believe whatever John says.
9. I have a friend who works for ABC Company.
10. Do you remember the store where you bought this?
11. This is the book that I got from Michelle.
12. Is this the thing that you were looking for?
13. This is the only thing that I need from you.
14. Do you know the real reason why they broke up?
15. I will never forget the day when I first met you.

㉕ 부사 단어

1. 여기 있습니다.

2. 그도 역시 오지 않았다.

3. 너의 컴퓨터는 여기 있다.

4. 그는 나의 제안을 행복하게 받아들였다.

5. 나는 바에 드물게 간다.

6. 나는 지금 너무 피곤하다.

7. 나는 지금 훨씬 나아졌다.

8. 네가 주문했던 것이 여기 있다.

9. 이것은 아주 어려운 문제이다.

10. 나는 결코 너를 혼자 내버려두지 않을 것이다

11. 나는 그가 살았던 곳을 거의 기억할 수 없다.

12. 나는 그녀를 이틀 전에 봤다.

13. 나는 이 징조를 거의 볼 수 없다.

14. 나는 종종 그와 함께 거기에 간다.

15. 너의 컴퓨터는 테이블 위에 있다.

1. Here you are.
2. He didn't come, either.
3. Here is your computer.
4. He accepted my offer happily.
5. I seldom go to bars.
6. I am very tired now.
7. I feel much better now.
8. Here is what you ordered.
9. This is very difficult problem.
10. I will never leave you alone.
11. I scarcely remember where he lived.
12. I saw her two days ago.
13. I can hardly see the sign.
14. I often go there with him.
15. Your computer is on the desk.

26 부사구

1. 그 회의는 9시에 시작한다.

2. 존은 그 의견에 반대한다.

3. 그의 어머니께서는 99살까지 사셨다.

4. 나는 너를 봐서 기쁘다.

5. 나는 너를 알게 되어 행복하다.

6. 너는 어두워지기 전에 집으로 가야 한다.

7. 밤 사이에 비가 계속 왔다.

8. 우리는 일요일에 수업이 없다.

9. 존은 나를 보기 위해 여기에 왔다.

10. 존을 제외한 모든 사람은 그 아이디어를 좋아했다.

11. 그는 최선을 다했지만 실패했다.

12. 나는 나의 아빠를 보기 위해 거기에 갔다.

13. 나는 비 오는 날에 일하지 않는다.

14. 이 커피는 마시기에 너무 뜨겁다.

15. 이 길은 운전하기에 너무 위험하다.

1. The meeting begins at nine.
2. John is against the idea.
3. His mother lived to be 99.
4. I am glad to see you.
5. I am happy to know you.
6. You must go home before dark.
7. It kept raining through the night.
8. We have no school on Sunday.
9. John came here to see me.
10. Everyone except John liked the idea.
11. He tried his best only to fail.
12. I went there to see my father.
13. I can't work on a rainy day.
14. This coffee is too hot to drink.
15. This road is too dangerous to drive.

1.   네가 원하는 어디든지 너는 가도 좋다.

2.   줄리가 예쁘기는 하지만, 누구도 그녀를 좋아하지 않는다.

3.   내가 돌아올 때까지 여기 머물거니?

4.   네가 책을 찾아냈던 곳에 그것들을 도로 갖다 놔라.

5.   아빠가 집에 도착하기 전에 어지러워진 것을 정리하자.

6.   나는 그가 매우 부자였기 때문에 결혼한 것은 아니다.

7.   나는 그와 결혼 하지 않았다. 왜냐 하면 그가 너무 부자였기 때문이다.

8.   나는 네가 어딜 가든 네가 최선을 다하길 바란다.

9.   만약 비가 멈춘다면 우리는 외식하러 갈 것이다.

10. 비록 존이 가난하지만, 그는 다른 사람들을 돕길 좋아한다.

11. 나는 내일 거기에 도착하게 되면 너에게 알려주겠다.

12. 나는 대학 때 영어와 일본어를 공부했다.

13. 당신이 집에 도착하면 나에게 전화를 주시겠습니까?

14. 토니는 너무 친절해서 모든 사람들이 그를 매우 좋아한다.

15. 나는 오늘 오후에 일을 마친 후에 너에게 전화를 하겠다.

1. You may go wherever you want to.
2. Though Julie is pretty, nobody likes her.
3. Will you stay here until I come back?
4. Put back the books where you found them.
5. Let's clean this mess before dad comes home.
6. I didn't marry him because he was very rich.
7. I didn't marry him, because he was very rich.
8. I hope you do your best wherever you go.
9. If it stops raining, we'll go out to eat.
10. Although John is poor, he likes to help others.
11. I will let you know when I get there tomorrow.
12. I studied Japanese and English when I was in college.
13. When you get home, would you give me a call?
14. Tony is so nice that everybody likes him very much.
15. I will call you after I finish my work this afternoon.

28 기본동사 — have

1. 재미있게 보내요.
2. 그는 그의 식구들과 함께 저녁 식사를 하는 중이다.
3. 모든 사람은 각기 다른 취향을 가졌다.
4. 미셸은 파란 눈을 가졌다.
5. 존은 예쁜 눈을 가졌다.
6. 나는 같은 것을 시키겠습니다.
7. 나는 목이 아프다.
8. 나는 콧물이 줄줄 흐른다.
9. 내가 한 번 볼게.
10. 너는 모든 게 준비되었니?
11. 너는 예약을 했니?
12. 당신의 여권을 좀 주시겠습니까?
13. 리처드는 좋지 않은 기억을 가졌다.
14. 우리는 배달 서비스를 한다.
15. 우리는 (전화) 연결이 좋지 않다.

1. Have fun.
2. He is having dinner with his family.
3. Everyone has different tastes.
4. Michelle has blue eyes.
5. John has good eyes.
6. I will have the same.
7. I have a sore throat.
8. I have a runny nose.
9. I will have a look.
10. Do you have everything set?
11. Do you have a reservation?
12. May I have your passport?
13. Richard has a bad memory.
14. We have a delivery service.
15. We had a bad connection.

29 주어=보어의 영작

1. 시간을 낭비하는 것은 죄악이다.
2. 그가 그렇게 행동한 것은 자연스러운 것이다.
3. 그가 기회를 놓친 것은 유감스러운 일이다.
4. 그가 무엇을 의미하는지가 확실치 않았다.
5. 법에 따라야 한다는 것은 매우 중요하다.
6. 사고가 일어날 것은 확실하다.
7. 우리가 어떻게 이 문제를 푸느냐는 중요하다.
8. 그가 그것에 동의할지 안 할지가 확실치 않다.
9. 그가 올지 안 올지 의심스럽다.
10. 그가 우리에게 거짓말을 한 것은 확실하다.
11. 그가 전에 그 사실을 알았다는 것은 확실하다.
12. 그가 젊어서 죽었다는 것은 안타까운 일이다.
13. 그가 허락 없이 그것을 한 것은 위협적인 것이다.
14. 그것을 어떻게 하느냐 그것이 문제이다.
15. 그녀가 건강을 회복할지 못할지 의심스럽다.

1. It is a sin to waste time.
2. It is natural that he acted that way.
3. It is regretful that he lost his opportunity.
4. It wasn't clear what he meant by that.
5. It is very important to obey the law.
6. It is certain that an accident will happen.
7. It is important how we solve this problem.
8. It is uncertain whether he will agree to it.
9. It is doubtful whether or not he will come.
10. It is obvious that he told us a lie.
11. It is certain that he knew the fact before.
12. It is a pity that he died so young.
13. It is dreadful that he did that without permission.
14. It is my question on how to do it.
15. It is doubtful if she will recover her health.

30 기타 영작 노트

1. 누가 주연이니?

2. 무엇이 상영 중이니?

3. 그것은 내 별명이다.

4. 네 차례다.

5. 무엇이 점심이니?

6. 색이 바랬다.

7. 그녀는 그녀의 눈물을 닦았다.

8. 그는 150파운드가 나간다.

9. 그 수업은 폐강됐습니다.

10. 나는 10파운드가 빠졌습니다.

11. 나는 너를 보고 싶어할 거다.

12. 나는 사귀는 사람이 있다.

13. 나는 생명보험을 하나 들었다.

14. 너 여기 처음이니?

15. 너의 이름을 똑똑히 적어라.

1. Who's featuring?
2. What's showing?
3. That's my nickname.
4. It's your turn.
5. What's for lunch?
6. The colors ran.
7. She dried her tears.
8. He weighs 150 lbs.
9. That class is closed.
10. I lost 10 pounds.
11. I will miss you.
12. I am seeing someone.
13. I bought a life insurance.
14. Are you new here?
15. Please print your name.

틀린 영어 찾기,
맞는 영어 찾기

문장 오류 찾기로 영문법 실력 키우는 150문장

6장에서 제시되는 문장들은 문법적으로 잘못된 문장들이다. 우리가 회화를 할 때 적어도 여기에 나오는 문장들과 같은 실수는 범하지 않도록 해야 한다. 문장들은 주로 중학교 수준의 시험에 나올 만한 것과 비슷한 수준으로 정리했다. 복수 단수 문제, 시제일치, 관사 문제, 전치사 관련 문제 등이며, 각 페이지의 밑에는 무엇이 잘못된 것인지 그 답을 적어 놓았다. 가능하면 답을 보기 전에 제시된 영어 문장에서 무엇이 잘못된 것인지 시험해보기 바란다. 무엇이 문법적으로 틀렸는지 스스로 생각해보고 답을 보면 도움이 될 것이다. 틀린 문장에서 무엇이 틀린 것인지를 스스로 발견하고 그것을 올바른 문장으로 고치는 것은 지금껏 배운 영문법의 기초를 탄탄하게 다지는 좋은 방법이다.

1. Where is your address?
2. You will can speak English well in a year.
3. There are a little students in this classroom.
4. I made John to clean his room before dinner.
5. John saved a lot of money so that he may buy the car.
6. Does your aunt have much moneys?
7. Michelle is the teacher who teach us English.
8. I was surprised with the news.
9. I think I should trust you, don't I?
10. You had better to tell the truth.
11. Is this which you wanted?
12. How much days are there in a week?
13. I don't like this one. Show me other.
14. What pretty dogs she have!
15. The higher we went up, the cold it became.

Answer & Check Point

1. What is: your address가 주어임으로 보어에는 what 명사가 온다.
2. will be able to : 분위기 조동사는 연이어 사용하지 않는다.
3. a few: students는 가산명사임으로 a little 대신 a few
4. clean: made는 사역동사이므로 동사원형 clean
5. he might: 주절의 동사가 saved로 과거이니까 시제일치 맞추어서
6. money: money는 불가산명사이므로 much
7. who teaches: 관계대명사의 동사는 선행사에 맞춤.
8. at: 놀라다 → be surprised at ~
9. shouldn't I?: think류의 동사 문장에서 진짜 의미는 뒤에 나오는 동사
10. had better tell: had better는 조동사의 기능 → 조동사 + 원형
11. what you wanted: 선행사를 포함하는 관계대명사는 what
12. many : days는 가산명사임으로 many가 온다.
13. me another: 다른 하나를 보여달라고 할 때는 another
14. she has: she have는 주어와 수가 안 맞는다.
15. the colder: the higher~ the colder 비교급

실전 test 2(잘못된 것을 찾아보라)

1. I had a hard time to control this boat.
2. Each of my sons has their own computer.
3. Have you ever heard him sang a song before?
4. They elected him a chairman.
5. My brother came back home two weeks before.
6. Richard has a son whom name is John.
7. Do you want to is a doctor?
8. I met chairman at the meeting.
9. John asked me where do I go yesterday.
10. Is this the girl who you met at the shop?
11. Did you went to church last night?
12. Do you know the way in that John made this toy?
13. Learn two language is not easy matter.
14. The cat is smallest than the horse.
15. March is the three month of a year.

실전 test 3 (잘못된 것을 찾아보라)

1. I think is she so beautiful.
2. I will tell you the way how I fixed the machine.
3. I don't like he going there alone.
4. I can play piano.
5. John stood watched TV in the living room.
6. Where is the red and the white roses?
7. John asked me where did I go last night.
8. Where does John live in?
9. Let's go out, don't we?
10. I enjoyed to watch the baseball game last night.
11. Each of them have his own bicycle.
12. I have a using car for sale.
13. He is a happiest when he is eating.
14. How long is the building?
15. I don't know who to follow now.

실전 test 4 (잘못된 것을 찾아보라)

1. Do your sister like to play the piano?
2. I am knowing her very well.
3. You will get used to speak English soon.
4. There are two fishes in the water tank.
5. John need to sign here.
6. John is the youngest in us all.
7. I don't feel like to study today.
8. Every students call me Sam.
9. I have just now finished my project.
10. This is your an English book, isn't it?
11. Look at the dog sleep under the table.
12. If it will rains tomorrow, I will stay home.
13. John is three years old than Michelle.
14. This is the house to build by John's father.
15. I went Shinchon the other day with my friend.

1. does: Your sister가 3인칭 단수이므로 does
2. know: know는 상태동사이므로 진행시제로 사용하지 않는다.
3. speaking: be used to~ 나 get used to~ 에서 to는 전치사
4. fish: fish는 단수와 복수가 같은 모양이다.
5. needs: John은 3인칭 단수이므로 needs
6. of us all: 동족간의 최상급에는 전치사 of
7. studying: ~하고 싶다 → feel like ~ing
8. Every Students는 단수 취급 : calls가 되어야 함
9. I have just finished ~: just now는 과거시제이므로 완료에서 불가, now 삭제.
10. your book of English : your와 an은 한정사이므로 연이어 안 씀
11. sleeping: 현재분사로 형용사구이기 위해서는 ~ing
12. it rains: 부사절에서는 미래시제를 현재시제로 표시
13. older: 비교 older than
14. built: house를 수식하는 형용사구─과거분사
15. to: went는 완전자동사, Shinchon은 명사이므로 부사로 만든다. to Shinchon

실전 test 5 (잘못된 것을 찾아보라)

1. Everyone except John and Michelle were very tired.
2. This is a my computer that I got from John the other day.
3. Why did you stop to learn Japanese?
4. I will never forget the day how I found you.
5. You need know about that rule.
6. Sometimes the mountain is covered for snow.
7. I told John that he has to finish his project by yesterday afternoon.
8. This is the house which John lives.
9. Seeing from here, the blue rock looks like a man.
10. We call his Sam.
11. This book is very easy, isn't this?
12. It is not clear if she will come to the meeting on time.
13. I didn't do my homework already.
14. John will able to go home soon.
15. She is good for playing baskerball.

1. was: everyone은 단수 취급
2. a or my: a와 my는 둘 다 한정사이므로 연이어 사용하지 않음.
3. learning: stop은 하던 것을 멈추는 것이기 때문에 ~ing가 온다.
4. when: 선행사가 day이므로 관계부사 when이 와야 한다.
5. to know: need 다음에 동사 know가 나올 수 없다.
6. covered with : ~으로 덮여 있다는 covered with~
7. had to: 시제일치를 맞추어서 had to
8. in which, lives in: 사는 집이니까 lives in이 되어야 한다.
9. Seen from here: 보여지는 것이므로 seen
10. him: 목적격이니까 him
11. isn't it?: 앞에 this book은 it로
12. whether or not: if 명사절은 목적절로만 사용. 여기서는 주어임.
13. yet: 부정과 의문문에서 '이미'는 yet
14. be able to: will 다음에 can의 대용품은 be able to
15. good at: ~을 잘한다는 good at~, 잘 못한다는 poor at~.

실전 **test 6** (잘못된 것을 찾아보라)

1. I can talk four languages.
2. The news was much surprising to us.
3. What fast that dog runs!
4. It is very nice for you to help me with this.
5. She gave me it.
6. He was busy to clean his room.
7. What's the matter for John?
8. Julie is so young to go to school.
9. I had many difficulties to finish this project by myself.
10. By who the television was invented?
11. Michelle wished she can play the piano.
12. John told me that the earth is larger than moon.
13. He advised me to not drink again.
14. I would not go there if I was you.
15. I have one children.

Answer & Check Point

1. speak: language는 speak
2. very: 현재분사와 원급의 강조는 very
3. How: 감탄문에서 fast가 부사이므로 부사 how를 사용
4. of you: nice는 사람의 성품 → it is nice of you~
5. She gave it to me: 직접목적어는 대명사를 사용하지 않음
6. cleaning: be busy ~ing → ~ 하는 데 바쁘다.
7. matter with John: matter for → matter with
8. too: 너무~ 해서 ~ 하다. Too ~ to
9. finishing: 원래는 in finishing으로 부사인데 in을 생략한 것
10. whom: 누구에 의해서 → by whom
11. could: 주절이 과거이므로 종속절 시제일치 혹은 가정법 과거로서 could
12. the moon: 유일한 것 앞에는 the를 붙인다.
13. not to drink: 부정사의 부정은 not to~
14. were: 가정법의 과거 be → were
15. child: one이 있으므로 child.

틀린 영어 찾기, 맞는 영어 찾기

315

1. I have read the book since last Friday.
2. A fresh and merry heart are better than money.
3. I was much pleased to hear the news.
4. Does John help his father the day before yesterday?
5. It is not easy for anyone to help other.
6. She doesn't know when for begin.
7. I could hard believe that you didn't go to school yesterday.
8. Did Michelle studied English with you yesterday?
9. Have you finished to write your English book?
10. Please come and get this as soon so possible.
11. I think that English is easily.
12. This is the way how I solved the problem.
13. I was very tired after four hour's walk.
14. You need not to go there.
15. John is busy to read a book.

Answer & Check Point

1. have been reading~: since가 있으므로 완료진행형으로 한다.
2. is: A가 하나이므로 단수
3. very: pleased는 형용사화 되어서 과거분사라도 very로 수식
4. did: yesterday가 있으므로 과거 문장
5. others: 다른 사람들은 others
6. to: 의문사 + 부정사 → when to begin
7. hardly: 부정의미의 부사는 hardly
8. study: did에 이미 시제가 있으므로 study로
9. writing: finish는 원가를 하던 것을 끝내는 것이므로 동명사
10. as soon as possible: 가능한 한 빨리는 as soon as possible
11. easy: 형용사이어야하므로 easy
12. the way I solved~, is how I solved~ 관계부사 how는 둘 중 선택
13. four hours' walk: 4시간의 → four hours'
14. need not go there: need는 부정문에서는 조동사로 사용 → 원형
15. reading: ~ 하는 데 바쁘다는 be busy ~ing

実 test 8 (잘못된 것을 찾아보라)

1. John was read a newspaper when I called him yesterday.
2. May I ask you where can I find those batteries?
3. Yesterday I met a your friend at the mall.
4. There are three girl's schools in this city.
5. I saw two big guys who was wearing yellow caps over there.
6. The meeting room was cleaned by she.
7. Do you think who you are?
8. That is the guy with who I played tennis this morning.
9. I saw two deers at the park.
10. I will have been studied English for 5 years by next month.
11. Look at two those beautiful French girls!
12. There is no reason for her be late for the meeting.
13. I would like to have cold something to drink.
14. I wish my cars is as big as yours.
15. I think I broke my arm when I felt down from the roof.

실전 test 9 (잘못된 것을 찾아보라)

1. Do you think I are right?
2. I will be staying at brother's place.
3. These are highest mountains in this country.
4. I saw Sam to enters the classroom.
5. I have never seen a such beautiful bird.
6. Michelle drinks three cup of teas everyday.
7. Did you have seen the tiger before?
8. My mom told me not open the window.
9. I am afraid at the dog.
10. I go to school by the bus.
11. I want going to America with my friend.
12. I had my computer repair the other day.
13. Who care about my plan?
14. John was written a letter when I visited him yesterday.
15. I heard my name calling.

1. am: 주어가 'I'이므로 am
2. my brother's: place는 생략 가능. 앞에 my 정도를 붙이면 좋음.
3. the highest: 최상급 명사 앞이므로 the
4. enter: saw는 지각동사이므로 동사원형안 enter
5. such a: such 그리고 all 등은 관사 앞으로 도치.
6. three cups of tea: 불가산명사의 복수는 용기를 복수로
7. have you seen~: 경험을 나타내는 경우는 완료시제
8. not to open: open → to open이 되고 부정은 not to open
9. am afraid of: afraid at이 아니라 afraid of ~ 두려워하다
10. by bus: 교통수단에는 the를 붙이지 않음.
11. to go: want는 목적어를 미래지향적인 to~
12. repaired: ~ 되도록 시키다에서 목적보어는 과거분사
13. who cares: who는 의문대명사이고 의문대명사는 3인칭 단수 취급
14. writing: John이 편지를 쓰고 있는 것 → was writing
15. called: 목적보어로 불리는 것을 들었으니까 과거분사로 해야 함.

실전 test 10 (잘못된 것을 찾아보라)

1. My son and I passed by white house yesterday.
2. No news are good news indeed.
3. John can run very faster than his brother.
4. Iron is many more useful than silver.
5. I thought that he is very smart.
6. I don't know who to trust these days.
7. You are old enough of know it.
8. There's a dog by the leg of table.
9. Monday is a first day of a week.
10. Do you are able to lift this by yourself?
11. John likes to swam in the river.
12. America has discovered by Columbus in 1492.
13. I am able to can work tomorrow.
14. Do you know the reason why John gave us?
15. I saw John plays the game.

1. the White House: White House는 고유명사이며 정관사 붙임
2. is: no news는 단수
3. much: 비교급의 강조는 much
4. much: 비교급 more를 강조할 때는 much
5. was: 시제일치를 맞추기 위해서
6. whom: 의문사＋부정사에서 의문대명사는 반드시 목적격
7. to: old enough to~ ~하기에 충분히 ~하다
8. by the leg of the table : 한 개로 셀 수 있는 table이니까 the
9. the first: first는 최상급이므로 the를 붙임
10. are you able to ~?: Be able to ~는 의문문이 되면 be동사 도치
11. swim: to＋동사원형
12. was: 발견된 것은 수동태 → was discovered
13. will be able to: 조동사는 연이어 사용하지 않는다. Will be able to ~
14. which: why절이 불완전한 문장이므로 관계대명사가 와야 함
15. play: saw는 지각동사이므로 목적보어에 동사원형 play

영문법을 구구단처럼
샘 박 Sam Park 지음

1판 1쇄	2009년 12월 10일
1판 2쇄	2015년 12월 1일

펴낸이	이영혜
펴낸곳	디자인하우스
	서울시 중구 동호로 310 태광빌딩
	우편번호 04616

대표전화	(02) 2275-6151
영업부직통	(02) 2263-6900
팩시밀리	(02) 2275-7884, 7885
홈페이지	www.designhouse.co.kr
등록	1977년 8월 19일, 제2-208호

편집장	김은주
편집팀	박은경, 이수빈
디자인팀	김희정
마케팅팀	도경의
영업부	고은영
제작부	이성훈, 민나영, 이난영

출력·인쇄	신흥 P&P

값 13,800원
ISBN 978-89-7041-529-1